W0247548

natürlich oekom!

Mit diesem Buch halten Sie ein echtes Stück Nachhaltigkeit in den Händen. Durch Ihren Kauf unterstützen Sie eine Produktion mit hohen ökologischen Ansprüchen:

- o   mineralölfreie Druckfarben
- o   Verzicht auf Plastikfolie
- o   Kompensation aller CO_2-Emissionen
- o   kurze Transportwege – in Deutschland gedruckt

Weitere Informationen unter www.natürlich-oekom.de
und #natürlichoekom

Nachhaltigkeitskodex des oekom verlags
http://datenbank2.deutscher-nachhaltigkeitskodex.de/Profile/
CompanyProfile/9023/de/2015/dnk

Bibliografische Information der Deutschen Nationalbibliothek:
Die Deutsche Nationalbibliothek verzeichnet diese Publikation in der
Deutschen Nationalbibliografie; detaillierte bibliografische Daten
sind im Internet über www.dnb.de abrufbar.

© 2023 oekom verlag, München
oekom – Gesellschaft für ökologische Kommunikation mbH,
Waltherstraße 29, 80337 München

Lektorat: Annerose Sieck
Korrektorat: Maike Specht
Satz, Layout und Illustration: BUCH & DESIGN Vanessa Weuffel
Umschlaggestaltung: BUCH & DESIGN Vanessa Weuffel
Umschlagabbildung: © Helena Heilig
Druck: Grafisches Centrum Cuno GmbH & Co. KG
Alle Rechte vorbehalten
ISBN 978-3-96238-418-0

ALEXANDRA ACHENBACH

NACHHALTIG,
ABER
günstig!

111 Ideen für ein grünes Leben mit wenig Geld

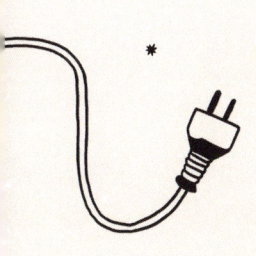

SCHNELL, UNKOMPLIZIERT UND KREATIV

Für meine Familie

♥

LIEBE LESERIN UND LIEBER LESER,

**HERZLICH WILLKOMMEN IN DER NACHHALTIGEN WELT
DES SPARENS!**

Die Deutschen sind ja weltweit als Sparfüchse bekannt, und die berühmte schwäbische Hausfrau (oder der Hausmann) ist wohl der Inbegriff guter Haushaltsführung und Sparsamkeit. Irgendwie scheint es also fast, als sei uns das Sparen bereits in die Wiege gelegt, oder? In guten und ganz besonders in schlechten Zeiten. Doch Sparen und Nachhaltigkeit? Für viele absolut unvereinbar, haftet doch grünem Lebensstil oftmals hartnäckig der Duft des Elitären an. Bis jetzt ...

Ich möchte dir nämlich mit diesem Buch das Gegenteil beweisen und mit dem beliebten und weitverbreiteten Vorurteil aufräumen, dass ein nachhaltiges Leben grundsätzlich teuer sein muss. Anhand von 111 Tipps und Tricks zeige ich dir, dass viele ökologische und klimaschonende Entscheidungen deine Haushaltskasse sogar merklich entlasten können. Von A wie Allzweckreiniger selber machen bis Z wie praktische Zero-Waste-Alternativen. Es gibt unzählige Lösungen und Möglichkeiten, deinen Alltag neu zu denken und Schritt für Schritt mit wenig(er) Geld auszukommen. Und mehr noch. Denn all die kleinen Veränderungen, mehr Bewusstsein und Achtsamkeit können zusammengenommen Großes bewegen und einen wichtigen Teil zur Transformation beitragen.

Lass dich also inspirieren und gestalte deine Zukunft grüner.
Mit viel Neugier und Freude am Andersmachen.
Ich wünsche dir ganz viel Spaß beim Lesen und Beschreiten neuer Wege ...

Deine Alex :)

ESSEN & Trinken

Wäre es nicht wunderbar, wenn du eine gesunde Ernährung, Genuss und ökologisches Bewusstsein verbinden könntest, ohne dabei Unmengen an Geld auszugeben? Mit ein paar einfachen Veränderungen kommt mehr Nachhaltigkeit auf deinen Teller, und gleichzeitig schonst du die Familienkasse (oder das Bankkonto). Das beginnt bereits bei der bewussten Wahl deiner Lebensmittel und dem Ort, an dem du einkaufst. Und es endet schließlich damit, die Gaben der Natur wieder mehr wertzuschätzen.

1. NACHHALTIG TRINKEN

DURSTLÖSCHER LEITUNGSWASSER

Wasser aus der Leitung ist in Deutschland eines der am besten kontrollierten Lebensmittel überhaupt und kann nahezu überall bedenkenlos und ohne jede Vorbehandlung getrunken werden. Leitungswasser hat nicht nur eine hohe Qualität (die Trinkwasserverordnung gibt diese vor), es ist zudem noch extrem kostengünstig und deutlich umweltschonender als Mineralwasser. Laut Verbraucherzentrale ist die Klimabelastung durch Mineralwasser allein in Deutschland fast 600-mal höher als durch Wasser aus der Leitung. Grund hierfür sind vor allem die langen Transportwege der Flaschen.

Informationen zur Wasserqualität in deiner Region bekommst du übrigens vom Wasserversorger, und Bleileitungen sind zum Glück heute kaum mehr ein Gesundheitsrisiko. Betroffen sind, wenn überhaupt, nur Häuser, die vor 1973 errichtet wurden, und Hausbesitzer und Wasserwerke sind gesetzlich zum Austausch verpflichtet, wenn Grenzwerte überschritten werden. Wer wissen möchte, ob sein Leitungswasser Schadstoffe enthält, bekommt bei seinem örtlichen Gesundheitsamt weiterführende Informationen. In diesem Sinne: Prost!

EXTRASPARTIPP: Vor dem Trinken solltest du das Stagnationswasser aus der Leitung so lange ablaufen lassen, bis das Frischwasser kühler wird. Das Stagnationswasser einfach in Eimern oder der Gießkanne auffangen und zum Beispiel zum Blumengießen, Putzen oder Spülen verwenden.

2. BROTZEIT IST DIE SCHÖNSTE ZEIT
BROT EINFACH SELBST BACKEN

Wenn du dich kostengünstig ernähren möchtest, kannst du bereits bei den Grundnahrungs-mitteln einiges sparen. Wie wäre es beispielsweise mit selbst gebackenem Brot und knusprig frischen Sonntagsbrötchen? Hier kannst du im Gegensatz zu Discounter und Backshop die Qualität deiner Zutaten frei wählen, regionale Mühlen und nachhaltige Anbieter unterstützen und trotzdem Geld sparen. Und zu besonderen Gelegenheiten freut sich der Handwerksbäcker über deinen Besuch.

Ein saftiges Brot selbst zu backen ist kein Hexenwerk. Alles, was du brauchst, sind ein einfaches Rezept und ein bisschen Zeit.

ZUTATEN:	SO GEHT'S: 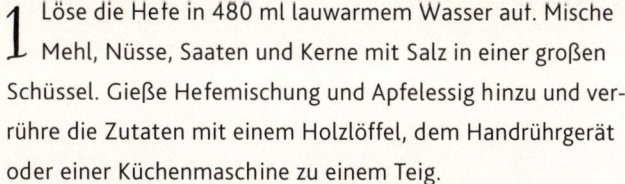
Für 1 Kastenbrot	**1** Löse die Hefe in 480 ml lauwarmem Wasser auf. Mische Mehl, Nüsse, Saaten und Kerne mit Salz in einer großen Schüssel. Gieße Hefemischung und Apfelessig hinzu und ver-rühre die Zutaten mit einem Holzlöffel, dem Handrührgerät oder einer Küchenmaschine zu einem Teig.
1 Würfel Hefe (42 g)	
500 g Mehl (z. B. 250 g Dinkelmehl, 125 g Roggen- und 125 g Weizenmehl)	
150 g Nüsse/Saaten/Kerne	**2** Fette und mehle eine Kastenform, und gib den Teig hinein.
1 TL Salz	
25 ml (naturtrüber) Apfelessig	**3** Nun das Brot bei 180 °C (Ober- und Unterhitze) etwa 60 Minuten auf mittlerer Schiene backen. Unten in den Ofen eine feuerfeste Schale mit Wasser stellen.

3. FRÜHSTÜCKSZAUBER
KNUSPRIGE BRÖTCHEN UND BAGUETTE

Gibt es etwas Schöneres als ein Frühstück mit frischen Brötchen? Mit diesem Rezept zauberst du im Handumdrehen französischen Flair auf den Tisch, und ein unwiderstehlicher Duft lockt selbst den größten Morgenmuffel aus den Federn.

ZUTATEN:

Für 1 kleines Baguette oder 5 Brötchen

250 g Mehl (Type 550)

1 Prise Zucker

1 TL Salz

1/4 Würfel Hefe

etwas Mehl für die Verarbeitung

SO GEHT'S:

1 Zunächst alle trockenen Zutaten in einer Schüssel gut miteinander mischen und die Hefe in 160 ml lauwarmem Wasser auflösen.

2 Nun eine Mulde in die Mitte des Mehls drücken, nach und nach das Hefewasser hinzugeben und mit dem Mehl verkneten.

3 Den Teig mit einem Tuch abdecken und ca. 2 Stunden an einem warmen Ort gehen lassen. Nach etwa einer halben Stunde den Teig etwas auseinanderziehen, die Ecken zur Mitte falten, umdrehen und wieder zu einer Kugel formen. Diesen Vorgang mit dem Teig dreimal alle 30 Minuten wiederholen.

4 Den Backofen jetzt auf 220 °C (Ober-/Unterhitze) vorheizen und unten ein Schälchen mit Wasser hineinstellen.

5 Es ist an der Zeit, deinen fertigen Teig auf der bemehlten Arbeitsfläche zu einem Baguette oder zu Brötchen zu formen. Leg deine Backwaren auf ein Blech mit Backpapier und lass sie noch mal gehen. Teig mit einem scharfen Messer schräg einschneiden, leicht mit Mehl bestäuben und in ca. 20 Minuten goldgelb backen.

EXTRASPARTIPP: Der Hefeteig lässt sich auch wunderbar vorbereiten. Dafür einfach mit kaltem Wasser arbeiten und den Teig entweder im Kühlschrank über Nacht gehen lassen oder als Teigrohling ohne Gehzeit luftdicht verpackt einfrieren. Zur Weiterverwendung dann am besten langsam auftauen lassen und wie gewohnt gehen lassen und verarbeiten.

4. PFLANZE STICHT TIER
GUT FÜRS KLIMA UND DEN GELDBEUTEL

Eine pflanzenbasierte Ernährung ist gut fürs Klima, denn Fleisch, Eier und Milchprodukte schlagen in deiner Ernährungsbilanz gleich dreimal zu Buche: durch die Produktion von Treibhausgasen, den Verbrauch an Rohstoffen und Energie für ihre Erzeugung und durch den Verlust wertvoller Agrarfläche für den Anbau von Tierfutter. Hinzu kommen ein extrem großer Wasserfußabdruck (für die Produktion von 1 kg Rindfleisch sind 16.000 l Wasser nötig!) und all die bekannten Probleme der Massentierhaltung wie Nitrat im Grundwasser, millionenfaches Tierleid, Antibiotikaresistenzen oder die Rodung von Regenwäldern.

Es gibt also eindeutig gute Gründe, tierische Produkte auf deinem Speiseplan zu reduzieren, und zudem kannst du so noch jede Menge Geld sparen.

ÜBRIGENS:
Nur ein fleischfreier Tag pro Person und Woche könnte in Deutschland 9 Millionen Tonnen CO_2-Äquivalente pro Jahr einsparen (WWF).

Schnelle Tricks für herrlich herzhaften Geschmack ohne Tier sind zum Beispiel geröstete Semmelbrösel oder Croûtons als würziges Topping statt Parmesan und Co., marinierter Tofu statt Fetakäse und getrocknete Tomaten, Oliven, geröstete Zwiebeln, getrocknete Pilze, Misopaste oder Sojasauce für einen kräftigen Umami-Geschmack. Ein käsiges Aroma erreichst du mit Hefeflocken oder Hefepaste.

5. EI, EI, EI
EI-ERSATZ LEICHT GEMACHT

Dir liegt das Wohl der Legehennen am Herzen, und du möchtest deinen Eierkonsum deshalb einschränken? Nichts leichter als das. Eier erfüllen unterschiedliche Aufgaben. Sie fungieren als Bindemittel, spenden Feuchtigkeit oder dienen als Backtriebmittel und machen Kuchen locker und saftig. Doch genauso einfach, wie du Schritt für Schritt Fleisch in deinem Speiseplan reduzieren kannst, gelingt das auch bei Eiern. Und oftmals wird es dir noch nicht einmal auffallen, dass das Ei fehlt. Versprochen!

Ein Ei kannst du ersetzen durch …
½ Banane (für Süßes)
1 EL Nussmus (für Süßes)
3 EL Apfelmark (für Süßes)
2 EL Seidentofu (für Süßes und Herzhaftes)
1 EL (veganen) Joghurt (für Süßes und Herzhaftes)
1 EL Leinsamen, in 2 EL Wasser gequollen (für Süßes und Herzhaftes)
2 EL Tomatenmark (für Herzhaftes)
schwarzes Salz (Kala Namak) für den
typischen Eigeschmack

EXTRASPARTIPP: Das Wasser bereits vorge-
kochter Kichererbsen aus der Dose oder dem
Glas lässt sich mit einem elektrischen Hand-
rührgerät wunderbar aufschäumen und dann
wie klassischer Eischnee verwenden.

6. DIE (HAFER-)MILCH MACHT'S
PREISGÜNSTIG SELBST MACHEN

Seit ein paar Jahren sind pflanzliche Milchdrinks in aller Munde und stehen in allen Supermarktregalen. Sie werden aus Soja, Mandeln, Cashewnüssen, Kokos, Reis und vielem mehr
hergestellt. Aus einer großen Vielfalt von Rohstoffen lässt sich eine schmackhafte und vegane
Alternative zur Kuhmilch zaubern. Dabei kann vor allem (regionale) Hafermilch aufgrund ihrer
guten Öko- und Klimabilanz punkten. Und selbst gemacht sparst du nicht nur Geld, sondern
auch noch Verpackungsmüll.

ZUTATEN:

1 l kaltes Wasser

*100 g regionale (Bio-)Hafer-
flocken (zart)*

1 Prise Salz

*Zucker oder Zuckerrüben-
sirup nach Geschmack*

3 Eiswürfel

SO GEHT'S:

1 Zunächst weichst du die Haferflocken ca. 30 Minuten in
kaltem Wasser ein. Danach gießt du das Einweichwasser ab
und spülst die Flocken einmal mit frischem Wasser.

2 Gib alle Zutaten zusammen in einen Mixer und mixe das
Ganze mit hoher Geschwindigkeit durch. Dabei sorgen die
Eiswürfel dafür, dass die Mischung nicht schleimig wird.

3 Mit einem Nussmilch-
beutel oder einem feinen
Passiertuch kannst du jetzt
die festen und flüssigen
Bestandteile voneinander
trennen. Einfach durchsieben,
ausdrücken und die fertige
Hafermilch in eine saubere
Flasche abfüllen. Im Kühlschrank ist sie ca. drei Tage
haltbar.

ÜBRIGENS: Laut Albert-
Schweitzer-Stiftung ver-
braucht die Herstellung
von Hafermilch 80 Prozent
weniger Fläche als die von
Kuhmilch und rund
60 Prozent weniger
Energie. Insgesamt ver-
ursacht sie 70 Prozent
weniger Treibhausgase.

7. NACH DER JAHRESZEIT
ESSEN, WAS GERADE SAISON HAT

Deinen Speiseplan nach den Jahreszeiten auszurichten macht gleich doppelt Sinn. Saisonales Obst und Gemüse ist meist preisgünstig, da das regionale Angebot zum jeweiligen Erntezeitpunkt hoch ist (gilt übrigens auch für Bioqualität). Hinzu kommt, dass deine Lebensmittel nicht über weite Strecken transportiert werden müssen, und das macht Saisonales zum echten Klimafreund.

FRÜHLING

Apfel*	Mairübchen	Rotkohl*
Holunderblüten	Frühkarotten	Champignons
Rhabarber	Karotten*	
Erdbeeren	Frühkartoffeln	
	Kartoffeln*	
	Bärlauch	
Spargel	Knoblauch*	
Batavia	Frühlingszwiebeln	
Lollo Rosso	Zwiebeln*	
Kopfsalat	Zuckerschoten	
Rucola	Blumenkohl	
Mangold	Kohlrabi	
Spinat	Spitzkohl	
Radieschen	Weißkohl	
Rettich	Wirsing	

SOMMER

Erdbeeren	Paprika	Karotten
Brombeeren	Zucchini	Kartoffeln
Heidelbeeren	Batavia	Lauch
Himbeeren	Eichblattsalat	Frühlingszwiebeln
Johannisbeeren	Eisbergsalat	Zwiebeln
Stachelbeeren	Endiviensalat	Erbsen
Wassermelone	Kopfsalat	Zuckerschoten
Kirschen	Radicchio	Bohnen
Mirabellen	Rucola	Brokkoli
Pflaumen	Mangold	Blumenkohl
Aprikose	Spinat	Kohlrabi
	Fenchel	Spitzkohl
	Radieschen	Wirsing
Aubergine	Rettich	Mais
Tomate	Rote Bete	Champignons

HERBST

Apfel	Fenchel	Spitzkohl
Birne	Radieschen	Wirsing
Holunderbeeren	Pastinake	Weißkohl
Pflaume	Rote Bete	Schwarzwurzeln
Zwetschge	Karotten*	Topinambur
Quitte	Kartoffeln*	Champignons
Weintrauben	Lauch	
	Frühlingszwiebel	Haselnüsse
	Zwiebel*	Walnüsse
Kürbis	Chinakohl	
Chicorée	Grünkohl	
Endiviensalat	Kohlrabi	
Feldsalat	Rotkohl	
Radicchio	Rosenkohl	
Mangold	Schwarzkohl	

WINTER

Apfel*	Zwiebel*	
Birne*	Grünkohl	
	Rotkohl*	
	Rosenkohl	
Kürbis*	Wirsing	
Chicorée	Weißkohl*	
Endiviensalat	Schwarzwurzeln	
Feldsalat	Topinambur	
Portulak	Champignons	
Radicchio		
Pastinake*		
Rote Bete*		
Karotten*		
Kartoffeln*		
Lauch		

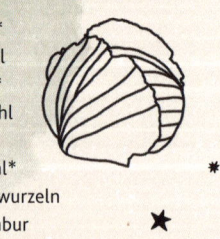

* aus Lagerung

8. KULINARISCHE ABENTEUER
ENTDECKE DIE VIELFALT DEINER REGION

Abwechslungsreiche und gesunde Ernährung, spannende kulinarische Neuentdeckungen und kurze Wege für dich und dein Obst und Gemüse. Die Vorteile von regionalen Lebensmitteln sind unschlagbar, und meist kannst du nicht nur qualitativ hochwertig, sondern auch noch preiswert einkaufen. Das gilt vor allem für direkte Vertriebsstrukturen, die die hohen Margen des Handels ausklammern. Wochenmärkte, Hofläden, solidarische Landwirtschaften, Markt-schwärmereien und Biokisten vermarkten vorwiegend eigene Produkte und bieten dir die ganze Vielfalt deiner Region. Ein wunderbarer Nebeneffekt, hier kannst du Landwirt*innen direkt unterstützen und all deine Fragen zu Anbau und Tierhaltung stellen.

SPANNENDE WEBSEITEN:

www.mein-bauernhof.de
www.vomhofladen.de
www.solidarische-landwirtschaft.org
www.marktschwaermer.de

9. SUPERFOOD ADE
HEIMISCHE VITAMINBOMBEN

Von der Acai-Beere bis hin zu Camu-Camu: Exotische Superfoods boomen und sind wahre Verkaufsschlager in den Supermarktregalen und als Ergänzungsmittel in den Drogerien. Dabei gibt es wunderbare regionale Alternativen, die nicht nur locker mit exotischen Superfoods mithalten können. Zumeist toppen sie sogar ihr weitgereistes Gegenstück in puncto Preis und Ökobilanz.

LEINSAMEN
Statt zu Chiasamen mit einem Kilopreis von weit über 10 Euro solltest du lieber zu preisgünstigen, regionalen Leinsamen greifen. Auch sie haben einen ähnlich hohen Gehalt an Protein, Omega-3-Fettsäuren und Ballaststoffen, und du sparst jede Menge CO_2.

BEEREN
Schwarze und rote Johannisbeeren, Himbeeren, Heidelbeeren, Brombeeren: Heimische Beeren sind echte Vitaminbomben und enthalten eine Vielzahl an positiven Inhaltsstoffen. Wer braucht da noch exotische Beeren? Übrigens:
Je dunkler und blauer die Farbe, desto größer der Anteil an Anthozyanen, einem der stärksten Antioxidantien. Auch Rotkohl kann deshalb durchaus als Superfood punkten.

SANDDORN UND PETERSILIE
Natürliches Vitamin C ohne lange Transportwege und oftmals hohe Umweltbelastungen im Herkunftsland. Besser geht es wohl kaum, und auch der Preis schlägt Goji-Beeren und Co. um Längen.

HAFER UND HIRSE
Die beiden regionalen Getreide beziehungsweise Pseudogetreide bringen mit Eisen, Zink, Ballaststoffen und hochwertigen Fetten wunderbare Eigenschaften von echtem Superfood mit. Und sie sind deutlich günstiger als der trendy Mittelamerikaner Quinoa.

WALNÜSSE
Heimische Walnüsse enthalten einen hohen Anteil an einfach und mehrfach ungesättigten Fettsäuren und können so dein Herz-Kreislauf-System positiv beeinflussen. Damit sind sie eine tolle und wertvolle Alternative zu den exotischen Avocados, deren Produktion überdies Unmengen an Wasser kostet.

10. WILD FOOD
DAS GLÜCK WÄCHST AM WEGESRAND

Hast du schon mal dein eigenes Essen selbst gesammelt? Egal, ob Walderdbeeren, Pilze oder Wildkräuter, deine Umgebung hat kulinarisch einiges zu bieten. Und dabei hat es entscheidende Vorteile, den Speiseplan durch selbst Gesammeltes zu ergänzen und zu erweitern: Diese Nahrungsmittel müssen nicht verpackt und über weite Strecken transportiert werden, sie sind schmackhaft und gesund, und du schonst obendrein noch deinen Geldbeutel.
Sammle allerdings nur das, was du eindeutig identifizieren kannst (informiere dich zuvor auch über geschützte Arten), und nur so viel, wie du verwerten kannst. Lasse mindestens zwei Drittel der Pflanzen und Pilzen stehen, damit sie sich noch ausreichend vermehren können. Und verzichte darauf, an viel befahrenen Straßen oder unweit konventionell bebauter Äcker zu sammeln.

11. MUNDRAUB
ERNTEN OHNE EIGENEN GARTEN

Seit 2009 verwandelt die Webseite *mundraub.org* deine Umgebung in ein Ernteparadies und macht all die Millionen von nicht abgeernteten Obstbäumen, Beeren- und Nusssträuchern für dich nutzbar. Und das völlig kostenlos. Das Herzstück der Seite ist eine interaktive Karte, in die jeder und jede die Standorte frei zugänglicher Lebensmittel eintragen kann, vom vernachlässigten Apfelbaum bis zum Sanddornbusch im nahen Stadtpark. Hier kannst du bedenkenlos sammeln, ohne dich dabei strafbar zu machen, deine Nachbarschaft neu entdecken und helfen, keine wertvollen Ressourcen zu verschwenden.

EXTRASPARTIPP: Die bunte mundraub-Gemeinschaft bietet auch jede Menge nützliches Wissen rund um Pflanzen und ihre Nutzung. Vom leckeren Rezept bis zur Mosterei in deiner Region.

12. FERMENTIEREN UND CO.
LEBENSMITTEL HALTBAR MACHEN

Lebensmittel frisch zu ernten oder sie preisgünstig saisonal aus der Region zu kaufen kann dazu führen, dass du größere Mengen zu Hause hast, als du auf einen Schlag verbrauchen kannst. Die Lösung? Du machst deine Lebensmittel ganz einfach haltbar, um auch nach der Saison noch die gesunde Vielfalt vom Acker und aus dem Garten genießen zu können.

DUNKEL UND KÜHL LAGERN
Wurzel- und Knollengemüse, Kürbisse, Kohl, Äpfel und Birnen fühlen sich kühl und dunkel am wohlsten und sind so oft mehrere Wochen haltbar.

EINFRIEREN
Viele Gemüsesorten lassen sich wunderbar einfrieren und bleiben so oft Monate lang haltbar. Am besten vorher kurz blanchieren, das erhält Farbe und Konsistenz. Auch frische Kräuter kannst du problemlos mit etwas Wasser oder Pflanzenöl in einer Eiswürfelform einfrieren.

TROCKNEN
Eine Alternative zum Eis ist bei Kräutern auch das Trocknen. Einfach schnittfrisch kopfüber aufhängen und gut durchtrocknen lassen.

EINKOCHEN
Ein echter Klassiker, den wahrscheinlich die meisten schon mal ausprobiert haben. Egal, ob süße Konfitüre, Kompott, herzhaftes Chutney oder Kohlgemüse. Eingekocht halten Obst und Gemüse viele Monate.

FERMENTIEREN
Das Fermentieren mit Salzlake regt die sogenannte Milchsäuregärung an, und unter Ausschluss von Sauerstoff beginnen schließlich Milchsäurebakterien ihre Arbeit. Milchsauer vergorenes Gemüse wie Sauerkraut oder Kimchi ist nicht nur schmackhaft, sondern auch gut für deine Darmgesundheit und steckt voller Nährstoffe, da es nicht erhitzt wurde.

EINLEGEN IN ESSIGSUD

Bei dieser klassischen Konservierungsmethode werden die Obst- oder Gemüsesorten mit kochend heißem Essigsud übergossen und luftdicht verschlossen. Der Sud besteht aus einer Mischung von Wasser, Tafelessig, Salz und Zucker.

HALTBAR MACHEN MIT ÖL

Italienische Antipasti und Pesto sind wohl die prominentesten Vertreter. Hier werden frische Kräuter und gebratene und gegrillte Gemüse und Pilze gewürzt und mit qualitativ hochwertigem Öl bedeckt. So bleiben sie vor schädlichen Mikroorganismen geschützt.

13. TRAU DEINEN SINNEN
SCHNUPPERN STATT WEGWERFEN

Wenn du anfängst, deinen Sinnen mehr zu vertrauen als dem Haltbarkeitsdatum auf der Verpackung, spart das nicht nur Geld, sondern du hilfst auch, dass weniger noch verzehrfähige Lebensmittel weggeworfen werden. Das Mindesthaltbarkeitsdatum ist das Datum, bis zu dem sich ein verpacktes Lebensmittel mindestens lagern und verzehren lässt und dabei seine spezifischen Eigenschaften behält. Es ist also kein Wegwerfdatum!

ALSO GENAU HINSCHAUEN ...

Schimmel oder faule Stellen? Dann bitte lieber entsorgen!

RIECHEN ...

Riecht das Lebensmittel anders, als es sollte, oder gar unangenehm? Dann bitte auch weg damit!

UND FÜHLEN ...

Das Obst oder Gemüse ist schrumpelig? Das allein ist kein Grund, es wegzuwerfen. Einfach klein schneiden und für Kompott, Pesto, Suppe oder einen Eintopf verwenden.

ÜBRIGENS:
Karotten werden wieder knackig, wenn du sie im Kühlschrank über Nacht in ein Glas mit kaltem Wasser stellst. Und schrumpelige Kartoffeln werden beim Kochen wieder wie neu.

14. SCHLUSS MIT VERSCHWENDUNG
LEBENSMITTEL RICHTIG LAGERN

Wenn du deine Lebensmitteleinkäufe richtig lagerst, sind sie länger haltbar, und du musst weniger wegwerfen. Das ist nachhaltig und spart am Ende bares Geld.

TROCKENE LEBENSMITTEL
Fülle Getreide, Nudeln, Reis, Zucker, Cornflakes, Haferflocken, Nüsse und Co. am besten zu Hause in luftdichte Vorratsgefäße um. Das schützt effektiv vor Schädlingen und Feuchtigkeit.

BROT UND BACKWAREN
Dein Brot fühlt sich in einem Brotkasten oder Brottopf aus Keramik am wohlsten.

GEMÜSE
Die meisten Gemüse halten sich in ein feuchtes Geschirrtuch eingewickelt im Kühlschrank am besten. Das gilt für etwa Salat, Spinat, Erbsen, Spargel oder Kohlrabi. Das gilt auch für die meisten Kräuter. Kälteempfindlich hingegen sind Auberginen, Gurken, Paprika, Tomaten und Zucchini. Sie sollten lieber außerhalb des Kühlschranks aufbewahrt werden.
Knollen- und Wurzelgemüse wie Zwiebel, Lauch, Knoblauch, Kartoffeln, Kürbisse und Rüben mögen es dagegen kühl und dunkel.
Blätter wie Karottenkraut oder Radieschengrün entziehen dem Gemüse Wasser, deshalb besser vor der Lagerung abschneiden.

OBST
Viele Obstsorten halten sich bis zum Verzehr gut im Obstkorb bei Zimmertemperatur. Beerenobst, Trauben und Kirschen hingegen gehören in den Kühlschrank, Äpfel und Birnen mögen es kühl und dunkel, und Bananen bleiben am längsten makellos, wenn du sie aufhängst, zum Beispiel an einem Haken in der Speisekammer.

EXTRASPARTIPP: Sortiere deine Speisekammer, den Vorratsschrank und den Kühlschrank nach Haltbarkeitsdatum. Lebensmittel, die früher ablaufen, sollten immer weiter vorn ihren Platz finden.

TIERISCHE LEBENSMITTEL
Fleisch, Wurstwaren, Eier und Milchprodukte gehören in den Kühlschrank. Je schneller verderblich, desto weiter unten sollten sie liegen.

15. EIN SANDKASTEN FÜRS GEMÜSE
SAND STATT KELLER

Apropos Lagerung. Moderne Keller sind oft zu warm und zu trocken für die Lagerung von Gemüse, und feucht-kühle Naturkeller sind heutzutage rar geworden. Eine preisgünstige und platzsparende Alternative ist eine einfache Sandkiste. Hier fühlen sich Wurzel- und Knollengemüse wie Karotten, Kohlrabi, Rote Bete, Kartoffeln oder Sellerie so richtig wohl und bleiben viele Wochen bis Monate frisch und knackig. Perfekt für die kleine Ernte nach Bedarf ...

MATERIAL:

1 Kiste (Größe je nach Platzangebot wählen)

Spiel- oder Bausand

SO GEHT'S:

1 Säubere dein Gemüse grob mit einer Bürste von Erde und Schmutz und schneide das Blattgrün sorgfältig ab.

2 Bedecke den Boden deiner Kiste gut mit Sand und stelle deine Knollen so hinein, wie sie auch in der Erde gewachsen sind. Das heißt Wurzel nach unten. Der Sand sollte dabei feucht, aber nicht nass sein.

3 Fülle die Kiste so mit Sand auf, bis dein Gemüse vollständig bedeckt ist, und stelle sie an einen kühlen Ort.

ÜBRIGENS: Wer einen kleinen Garten hat, kann auch eine Erdmiete bauen. Dafür einfach eine Erdgrube ausheben, Gemüse hineinlegen und mit Erde füllen. Zusätzlich ein Gitter einsetzen, um das kostbare Gut vor hungrigen Besuchern zu schützen.

16. ALLES AUFESSEN

FROM LEAF TO ROOT UND FROM NOSE TO TAIL

An einem Tier ist viel mehr essbar als die Filetstücke und auch bei Gemüsesorten wird oft ein großer Teil von dem weggeschnitten und entsorgt, was eigentlich verwertbar wäre. Wusstest du zum Beispiel, dass beim Lauch durchschnittlich 60 Prozent im Müll landen? Was für eine Verschwendung von wertvollem Essen und Geld. Dabei geht es auch anders. Gehe einfach neue kulinarische Wege und iss auf, was schon da ist.

ÜBRIGENS:
Solltest du ein/e Fleischesser*in sein und noch Berührungsängste mit Innereien, Zunge, Blutwurst und Co. haben, dann taste dich doch erst mal in einem Restaurant langsam heran.

So verwandeln sich etwa Kartoffel- und Karottenschalen im Backofen mit etwas Olivenöl und Salz in knusprige Chips, getrocknetes Selleriegrün wird zum herzhaften Würzpulver und das Einweichwasser von Kichererbsen überrascht als veganes Macaron.

17. PESTO AUS KAROTTENGRÜN
NICHT NUR FÜR HÄSCHEN

Du kaufst deine Karotten am liebsten im Bund auf dem Markt? Dann wirst du das nächste Rezept lieben und das Karottengrün ab jetzt nie wieder im Biomüll entsorgen.

ZUTATEN:

1 Bund Karottengrün

1 Knoblauchzehe

70 g Walnüsse (möglichst aus der Region)

130 ml natives Olivenöl

60 g Parmesan oder 2 EL Hefeflocken für den käsigen Geschmack

1 Prise Salz (je nach Geschmack)

1 Prise Pfeffer

SO GEHT'S:

1 Karottengrün abschneiden, waschen und von den harten Stängeln zupfen. Danach mit der Salatschleuder trocken schleudern oder mit einem Tuch/Küchenpapier abtupfen und grob hacken.

2 Nun musst du die Nüsse ebenfalls mit einem Messer grob zerkleinern und den Käse reiben. Veganer*innen können sich den letzten Teil sparen, denn bei ihnen kommen Hefeflocken zum Einsatz.

3 Gib alle Zutaten in einen Mixer und mixe das Ganze zu einer cremigen Konsistenz. Bei Bedarf kannst du auch noch mehr Olivenöl zugeben.

4 Entweder direkt genießen oder in saubere Einmachgläser abfüllen. So hält sich dein Pesto im Kühlschrank ca. 3 bis 4 Wochen. Es sollte mit etwas Öl bedeckt sein.

EXTRASPARTIPP: Pestos lassen sich auch aus Radieschengrün, Kohlrabiblättern, Blumenkohlblättern und vielem mehr zubereiten.

18. SUPPENGLÜCK
SELBST GEMACHTE GEMÜSEBRÜHE

Gemüsebrühe ist ein gesundes und vielseitig verwendbares Lebensmittel. Egal, ob als Grundlage für Saucen oder als Seelenwärmer für kalte Herbsttage, mit Suppe liegt man irgendwie immer richtig. Wusstest du, dass du aus Schalen, wurzeligen Endabschnitten, Stielen und schrumpeligen Gemüseresten wunderbar einfach Brühe kochen kannst? Kostenlos, nachhaltig und ohne Palmöl und Geschmacksverstärker.

ZUTATEN:

1 Teil Reste von Gemüse und Pilzen wie Blattgrün, Schalen und Stiele

2 Teile Wasser

1 Lorbeerblatt

einige Wacholderbeeren

Muskat

Salz und Pfeffer

SO GEHT'S:

1 Reste in einen großen Topf geben und mit der doppelten Menge an Wasser bedecken. Gewürze hinzugeben und aufkochen lassen.

2 Mindestens zwei Stunden kochen lassen, durch ein Sieb abgießen und dann entweder gleich verwenden oder noch heiß in Flaschen und Einmachgläser abfüllen.
Im Kühlschrank ist die Brühe ca. eine Woche haltbar, du kannst sie aber auch wunderbar portionsweise einfrieren. Wenn du dafür Gläser benutzen möchtest, achte darauf, dass du bis zum oberen Rand noch ca. zwei Zentimeter Platz lässt. Das verhindert ein Platzen der Gläser beim Gefrierprozess.

EXTRASPARTIPP: Friere deine Gemüsereste ein, bis du eine genügend große Menge beisammenhast, um daraus Brühe zu kochen. Wenn du gleich eine größere Menge kochen willst, kannst du die Brühe in Gläser abfüllen und einkochen oder einfrieren.

19. REGROWING
NEUES GRÜN STATT BIOMÜLL

Du willst dein eigenes Gemüse anbauen, hast aber nicht viel Platz? Dann starte doch mit deinem Gemüsegarten direkt auf der Fensterbank. Dafür brauchst du noch nicht einmal Samen oder Erde. Regrowing heißt das Zauberwort, bei dem Gemüsereste wieder zu neuem Leben erwachen. Das funktioniert zum Beispiel mit Karotten, Roter Bete, Romanasalat, Fenchel, Ingwer, Frühlingszwiebeln, Lauch oder auch Sellerie. Alles, was du brauchst, sind dein Gemüserest, ein Gefäß mit Wasser in Zimmertemperatur, Sonnenlicht und etwas Geduld.
Nach ein paar Tagen und Wochen haben sich bei euren Gemüseabschnitten frische Triebe und Wurzeln gebildet und es ist an der Zeit zum Umtopfen in frische (torffreie) Erde.

KRÄUTER
Frische Triebspitzen ungefähr fünf Zentimeter lang abschneiden, die unteren Blätter vom Stiel zupfen und in ein Glas mit Wasser stellen. Das Wasser alle paar Tage wechseln.

WURZELN UND KNOLLEN
Zum Nachwachsen benötigst du den oberen Teil von Karotten und Co., aus dem das Grün wächst. Schneide davon eine mindestens drei Zentimeter dicke Scheibe ab und lege sie so in ein Schälchen, dass die abgeschnittenen Blattreste nach oben zeigen. Nun den Boden gut zwei Zentimeter hoch mit Wasser bedecken und das Wasser alle ein bis zwei Tage wechseln.
Nach Bedarf das Grün abschneiden und ernten.

ZWIEBELGEWÄCHSE
Bei Frühlingszwiebeln und Lauch verwendest du die unteren fünf bis sechs Zentimeter des Gemüses mit den Wurzelansätzen. Schneide diesen Teil sorgfältig ab und stelle die Wurzelenden in ein Gefäß mit Wasser. Das Wasser alle ein bis zwei Tage wechseln.
Für die Ernte einfach von oben ein Stück abschneiden.

SALAT, STAUDENSELLERIE UND KOHL
Schneide den Strunk deines Salats etwa fünf Zentimeter hoch ab und stelle ihn zur Hälfte in Wasser. Auch hier den regelmäßigen Wasserwechsel nicht vergessen.
Du kannst blatt- beziehungsweise stangenweise von außen nach innen oder komplett ernten.

20. DAS BESTE SIND DIE RESTE
ES LEBE DIE RESTEKÜCHE

Laut Statistischem Bundesamt fielen in Deutschland im Jahr 2020 knapp 11 Millionen Tonnen an Lebensmittelabfällen an, und für über die Hälfte davon trugen Privathaushalte die Verantwortung. In konkreten Mengenangaben bedeutet das, dass knapp 80 Kilo Lebensmittel pro Person und Jahr einfach in der Tonne landen. Unfassbar, oder? Und dabei bleiben der Verbrauch an Fläche, Energie und Wasser und all die Treibhausgasemissionen, die bei der Produktion dieser Lebensmittel entstanden sind, noch völlig unerwähnt.

ÜBRIGENS:
Das BMEL bietet auf www.zugutfuerdietonne.de und der dazugehörigen App eine tolle Rezeptdatenbank für die schmackhafte Resteküche.

Aber nun zur guten Nachricht, denn im Umkehrschluss bedeuten diese unangenehmen Fakten auch, dass du leicht jede Menge wertvolles Essen, Treibhausgase und Geld einsparen kannst. Nicht durch Verzicht, sondern schlicht durch weniger Verschwendung. Und die Veränderung beginnt direkt in deiner Küche mit der Verarbeitung von Resten zu deinem neuen Lieblingsgericht.

21. EI DRÜBER UND FERTIG!
FRITTATA UND TORTILLA

Die italienische Frittata und die spanische Tortilla sind in der Resteküche echte Klassiker und zaubern in Windeseile ein schmackhaftes Gericht auf den Tisch.

ZUTATEN:

Für 3 bis 4 Portionen

½ Zwiebel

1 Knoblauchzehe

50 g Käse

4 Bio-Eier

ca. 400 g Reste (z. B. Gemüse, Nudeln, Kartoffeln, Brotreste)

evtl. frisches Gemüse

Pflanzenöl zum Braten

Salz und Pfeffer

frische Kräuter, gehackt

SO GEHT'S:

1 Zwiebel und Knoblauch schälen und klein schneiden, den Käse, je nach Sorte, reiben oder zerbröseln.

2 Die Eier verquirlen und den Käse unterheben.

3 Gemüsereste klein schneiden. Brotreste würfeln. Frisches Gemuse putzen, waschen und zerkleinern.

4 Nun werden Knoblauch und Zwiebel in etwas Öl in einer großen Pfanne angebraten. Wenn du frisches rohes Gemüse in deine Frittata geben möchtest, dann jetzt ab damit in die Pfanne und ebenfalls leicht anbraten. Schließlich kommen die restlichen Zutaten hinzu und es wird alles mit der Ei-Käse-Masse übergossen. 5 Minuten stocken lassen und dann ca. 10 weitere Minuten bei schwacher Hitze durchgaren. Die Garzeit ist von der Dicke der Frittata abhängig und kann auch bis zu 20 Minuten dauern.

5 Pfanne mit einem großen Teller abdecken, Teller und Pfanne vorsichtig umdrehen und die gewendete Frittata zurück in die Pfanne geben. Noch kurz die zweite Seite anbraten und mit frischen Kräutern bestreut servieren.

22. ASIATISCHER HOCHGENUSS
RESTECURRY

Statt des allseits beliebten Resteeintopfs kommt zur Abwechslung mal ein leckeres Curry auf den Tisch. Herrlich aromatisch und wunderbar einfach in der Zubereitung.

ZUTATEN:

Für 3 bis 4 Portionen

600–800 g Gemüse (was gerade wegmuss)

1 Zwiebel

2 Knoblauchzehen

Pflanzenöl zum Braten

1 EL geriebener Ingwer

1 EL Zucker

2 EL Currypaste, mild oder scharf

2 EL Sojasauce

2 EL Zitronensaft

1 Dose Kokosmilch (oder
200 ml Gemüsebrühe,
200 ml Pflanzenmilch und
1 EL Pflanzenöl)

100 ml Gemüsebrühe
(Tipp 18)

SO GEHT'S:

1 Gemüse putzen, waschen und in kleine Stücke schneiden. Zwiebel und Knoblauch schälen und hacken.

2 Öl in einer (Wok-)Pfanne erhitzen und Zwiebel, Knoblauch und Ingwer darin anbraten. Den Zucker einrühren, dann das klein geschnittene Gemüse scharf anbraten und karamellisieren. Schließlich noch die Currypaste einrühren.

3 Nun alles mit Sojasauce, Zitronensaft, Kokosmilch und Brühe ablöschen und bei schwacher Hitze köcheln lassen.

4 Mit Sojasauce abschmecken und genießen.

> ÜBRIGENS: Regionale (Pseudo-)Getreide wie Dinkel, Gerste oder Hirse sind eine tolle Beilagenalternative zum Reis. Sie verbrauchen weniger Wasser und produzieren beim Anbau keine klimaschädlichen Gase.

23. BROTSALAT
SOMMERKÜCHE MIT EXTRA-CRUNCH

Warum aus altem Brot immer nur Knödel machen oder es gar wegwerfen? Heute gibt es Brotsalat und der schmeckt nicht nur im Sommer. Versprochen!

ZUTATEN:

Für 3 bis 4 Portionen

FÜR DIE CROÛTONS
2 Handvoll altbackenes Brot, gewürfelt

Pflanzenöl zum Braten

Salz und Pfeffer aus der Mühle

FÜR DAS GRÜNZEUG
2 Handvoll frisches Gemüse wie Tomaten, Fenchel und Salatgurke

½ Kopf Blattsalat

2 Handvoll gekochte Gemüsereste

FÜR DAS DRESSING
5 EL natives Olivenöl

2 EL Essig

½ TL mittelscharfer Senf

½ TL Zucker oder Honig

1 Prise Salz oder 1 TL Sojasauce

SO GEHT'S:

1 Brate deine Brotwürfel in einer Pfanne in Öl an. Nach Geschmack salzen und pfeffern.

2 Für das Grünzeug frisches Gemüse und Salat waschen, trocken tupfen und klein schneiden. Auch das gekochte Gemüse mit dem Messer zerkleinern und alles zusammen in eine große Salatschüssel geben. Füge die warmen Brotwürfel dazu.

3 Jetzt kommt das Dressing an die Reihe. Gib die Zutaten in ein Einmachglas, schraub den Deckel fest zu und schüttel die Mischung gut durch. Gib dein Dressing über Gemüse, Salat und Brot, und vermenge das Ganze anschließend.

4 Probieren, mit Salz und Pfeffer abschmecken und fertig ist dein knusprig-saftiger Brotsalat.

24. EASY LEBENSMITTEL RETTEN
SO KLAPPT'S

Lebensmittel vor der Mülltonne zu retten macht gleich mehrfach Sinn, denn es hilft, das optimal zu nutzen, was schon da ist, und wertvolle Ressourcen zu schonen, zudem spart es bares Geld. Wie das funktioniert? Ganz einfach ...

PRIVATES FOODSHARING MIT FREUND*INNEN, FAMILIE UND NACHBAR*INNEN

Du fährst in den Urlaub, aber der Kühlschrank ist noch nicht leer gegessen? Nach der Party ist noch jede Menge vom Büfett übrig? Dann starte doch dein persönliches Foodsharing und teile mit Nachbar*innen und Freund*innen. Im Laufe der Zeit etabliert sich so ein Kreislauf, der verhindern kann, dass noch Essbares weggeworfen wird.

FOODSHARING

Der Verein Foodsharing engagiert sich professionell gegen Lebensmittelverschwendung, und dabei kann jeder und jede mitmachen. Die Devise ist Aufessen statt Wegwerfen, und so werden fleißig Lebensmittelspenden von Privatpersonen, Gastronomiebetrieben oder Bäckereien gesammelt und über sogenannte Fair-Teiler öffentlich zugänglich gemacht. Das Ergebnis sind kostenloses Essen und weniger Lebensmittel im Müll. Die festen Verteilstationen findest du in einer interaktiven Karte auf *www.foodsharing.de*.

TOO GOOD TO GO-APP

Diese Smartphone-App zeigt dir den Weg zu übrig gebliebenen Lebensmitteln in Restaurants, Bäckereien, Cafés oder Imbissen. Einfach online deine Portion reservieren, bezahlen und abholen, und schon bekommst du Reste oder zu viel Produziertes zu günstigen Preisen.

DEINE ERNTE

Diese Internetplattform unterstützt alle, die in ihrem Garten Lebensmittel produzieren, dabei, ihre Ernteüberschüsse an die Frau oder den Mann zu bringen. Vom Apfel über Zucchini bis hin zur selbst gemachten Konfitüre. Über *www.deineernte.de* kannst du kostengünstig von dem Zuviel anderer profitieren und frische, regionales Lebensmittel kaufen.

25. MAKE IT BIG!

TEILEN UND SPAREN

Augen auf beim Lebensmittelkauf. Es lohnt sich, im Handel auf Großpackungen zurückzugreifen, denn im Verhältnis sind sie im Vergleich zu kleineren Gebinden fast immer preisgünstiger. Hier ist auch der Blick auf die Preisangaben pro Gramm oder Kilo sehr hilfreich. Wenn du nicht viel Platz für Lagerhaltung hast, dann gründe doch eine Einkaufsgemeinschaft mit Freund*innen und Nachbar*innen und teilt eure Lebensmittel. So können alle von günstigeren Preisen profitieren und Lebensmittelverschwendung wird vermieden.

26. SNACK IT

NACHHALTIG UNTERWEGS

Ein wunderbarer Start in deine Meal-Prepping-Karriere ist das Vorbereiten von Snacks für unterwegs. Egal, ob Smoothie, Coffee to go oder Sandwich. Es ist eine unbestreitbare Tatsache, dass Essen und Trinken außer Haus den Geldbeutel nicht gerade entlastet. Im Gegenteil. Restaurants, Imbisse und Supermärkte verlangen für deine Unterwegsverpflegung deutlich mehr Geld, als du mit dem Meal Prepping vergleichbarer Produkte ausgeben würdest. Zudem kannst du über die Inhaltstoffe und deren Qualität selbst bestimmen und unnötigen Verpackungsmüll vermeiden.

BASICS FÜR ZERO WASTE UNTERWEGS

Praktisches für den Transport: Mehrwegdosen, Stoffbeutel, Wachstücher, Trinkflaschen, Mehrwegbecher

Praktisches zum Essen: Campingbesteck, Taschenmesser, Stofftaschentuch, feuchter Waschlappen (für Babys und Kleinkinder)

27. MEAL PREPPING
GELD SPAREN DURCH GUTE VORBEREITUNG

Altes Wissen in neuem Gewand. Früher wusste jede gute Hausfrau (oder auch jeder gute Hausmann), dass man durch gute Vorbereitung Zeit und Geld sparen kann. Heute heißt das Meal Prep, doch das Prinzip ist das Gleiche. An einem Tag in der Woche wird ein Wochenspeiseplan erstellt, eingekauft und vorgekocht, was möglich ist. Was auf den ersten Blick vielleicht spießig klingen mag, hat viele Vorteile, denn die bewusste Planung hilft dir, beim Einkaufen Wege zu sparen, abwechslungsreich und gesund zu essen und schließlich weniger Lebensmittel wegzuwerfen. Ach ja, und außerdem ersparst du der Umwelt noch jede Menge Verpackungsmüll, wenn du dein Essen im Mehrweggefäß von zu Hause mitbringst, statt (teure) To-go-Ware zu kaufen. Das klingt doch prima, oder? Bereit, es auszuprobieren?

FÜR DEN ANFANG: Starte mit Rezepten, die du bereits gut kennst, und beginne ganz entspannt mit zwei bis drei Tagen statt einer ganzen Woche. Schritt für Schritt steigern ist motivierender als Scheitern.

BESTANDSAUFNAHME: Wie viel Platz hast du für die Lagerung? Gibt es im Büro eine Möglichkeit, dein Essen warm zu machen? Welche Gefäße möchtest du nutzen? Marmeladengläser eignen sich zum Beispiel wunderbar für einen kleinen Mittagssnack unterwegs.

FÜR DIE PLANUNG: Gibt es Synergieeffekte, das heißt, musst du bestimmtes Gemüse vielleicht nur einmal schnibbeln und kannst es dann gleich für mehrere Gerichte nutzen? Überlege dir, welcher Teil deiner Gerichte tagesaktuell gekocht/vorbereitet besser schmeckt (z. B. Nudeln oder Knuspriges).

Überlege dir, wie du deine Gerichte haltbar machst. Was muss (vielleicht portionsweise) eingefroren werden? Was kann in den Kühlschrank und wie lange?

> **ÜBRIGENS:**
> Auf www.bzfe.de/nachhaltiger-konsum/lagern-kochen-essen-teilen/meal-prepping/ gibt es Meal-Prepping-Wochenpläne inklusive Einkaufsliste für jede Jahreszeit.

28. ZERO WASTE FÜR ANFÄNGER*INNEN
COFFEE VON DAHEIM STATT COFFEE TO GO

Laut Deutscher Umwelthilfe werden in Deutschland in jeder einzelnen Stunde unfassbare 320.000 Einwegbecher für Heißgetränke to go verbraucht. Über ein ganzes Jahr hinweg gesehen, ergibt das rund 2,8 Milliarden Becher, die zuerst energie- und rohstoffintensiv produziert werden, um dann nach nur wenigen Minuten auf dem Müll zu landen. Was für eine Verschwendung, oder?

Eine einfache Lösung für dieses Problem sind mitgebrachte Mehrwegbecher, aber es geht noch besser. Wenn du nämlich zu Hause deinen Kaffee oder Tee vorbereitest und ihn mitnimmst, vermeidest du nicht nur unnötigen Müll. Mit der bewussten Wahl von fair gehandeltem (Bio-)Kaffee unterstützt du Kleinbauern vor Ort, und zudem sparst du auf Dauer auch noch jede Menge Geld.

EXTRASPARTIPP:
Nutze für dein Heißgetränk doch ein einfaches Einmachglas. Unschlagbarer Vorteil ist, dass sich das Glas nach dem Trinken fest und vor allem flüssigkeitsdicht verschließen lässt. So gibt es nie mehr Flecken in Handtasche oder Rucksack.

29. MÜSLIRIEGEL
GESUNDER SNACK OHNE PLASTIKMÜLL

Müsliriegel sind der perfekte Snack für unterwegs. Doch die kleinen Powerbomben aus dem Laden sind alles andere als günstig – und noch dazu produzieren sie jede Menge Verpackungsmüll. Hier lohnt sich das Selbermachen auf ganzer Linie! Durch den Verzicht auf Industriezucker sind sie überdies viel gesünder. Je nach Geschmack und Budget kannst du das Basisrezept einfach anpassen, Hauptsache, am Ende stimmt das Verhältnis von feuchten und trockenen Bestandteilen in der Müslimasse. Dabei gelten Trockenobst und Apfelmus als feuchte und Nüsse, Kerne und Haferflocken als »trockene Zutaten«.

EXTRASPARTIPP: *Je mehr günstige Haferflocken, Sonnenblumenkerne und Rosinen du verwendest, desto niedriger ist der Preis pro Riegel.*

ZUTATEN:

Für ca. 18 Riegel

400 g Trockenobst

100 g Apfelmark

400 g Haferflocken (je nach Geschmack kernig oder zart)

200 g Nüsse und Kerne

evtl. Gewürze und Geschmackszutaten wie Kakao oder Zimt

SO GEHT'S:

1 Zunächst das Trockenobst mit den Gewürzen und dem Apfelmark in einem Mixer zu einer homogenen Masse verarbeiten.

2 Haferflocken, Nüsse und Kerne gut mit der Masse vermengen, nach Belieben Gewürze unterarbeiten. Die Masse auf einem gefetteten Backblech oder auf Backpapier ca. ein Zentimeter dick verstreichen. Bei 120 °C (Ober-/Unterhitze) im Backofen auf mittlerer Schiene ungefähr 20 Minuten backen beziehungsweise trocknen lassen.

3 Die noch warme Müslimasse mit einem Messer in Form schneiden. Ob große Riegel oder kleine Müslihappen, das bleibt dir überlassen.

Kühl gelagert, halten die fertigen Müsliriegel ungefähr eine Woche. Zumindest, wenn sie vorher niemand aufgegessen hat …

30. BROT- UND BREZELCHIPS!
KNUSPRIGE RESTEVERWERTUNG

Die Gründe für übrig gebliebene Backwaren sind vielfältig. Doch es gibt eine leckere Lösung abseits der Mülltonne. Das Zauberwort heißt: knusprig rösten! So verwandeln sich Brotreste und alte Brezeln in wenigen Augenblicken in haltbare Chips – der perfekte Knabberspaß und Zero-Waste-Snack für unterwegs.

ZUTATEN:

Für 1 Backblech

Brot- und Brezelreste

80 ml Pflanzenöl (zum Backen geeignet!)

3 EL Gewürze oder Kräuter nach Wahl (z. B. mediterrane Gewürzmischung)

evtl. Salz

evtl. 1 Knoblauchzehe, geschält

SO GEHT'S:

1 Brot- und Brezelreste in dünne Scheiben (max. vier Millimeter dick) schneiden und auf einem Backblech verteilen.

2 Öl, Gewürze, Kräuter, Salz und Knoblauch in einem Mixer zerkleinern und gut vermengen. Hier kannst du deiner Fantasie freien Lauf lassen. Achte nur darauf, ob der Brotteig bereits gewürzt ist. Gerade bei Laugengebäck lieber mit Salz sparsam sein.

3 Nun das Gewürzöl auf den Scheiben verstreichen und ab damit in den Ofen. Bei Ober-/Unterhitze ca. 10 Minuten bei 150 °C goldgelb backen und anschließend abkühlen lassen.

EXTRASPARTIPP: Du kannst die Reste auch portionsweise vorbereiten und erst im Ofen rösten, wenn du genug für ein Blech beisammenhast. Das spart Energie. Wann immer etwas übrig bleibt, in Scheiben schneiden, gut trocknen lassen und staubdicht verpacken.

DIE LOW-BUDGET-BIO-CHALLENGE

WARUM?

Die ökologische Landwirtschaft verzichtet auf künstlichen Dünger und Pestizide und hat geringere Tierbestände. Dadurch schont sie nachweislich das Grundwasser, erhält und fördert die Artenvielfalt, trägt zur Humusanreicherung bei und sorgt so für gesunde Böden. Und die sind nicht nur widerstandsfähiger, sie können auch CO_2 speichern und unsere Atmosphäre effektiv von schädlichen Treibhausgasen entlasten. Mehr ökologisch erzeugte Lebensmittel auf deinem Teller können also durchaus ein wertvoller Teil der Lösung sein und zeigen eindrucksvoll, dass Klimaschutz auch durch den Magen geht. Aber muss bio immer gleich teuer sein?

VORBEREITUNG UND ABLAUF:

Führe eine Woche ein Haushaltsbuch, in dem du deine Ausgaben für Lebensmittel genau dokumentierst und aufschreibst, was du isst. Analysiere deine Ausgaben. Wiederhole das Ganze während deiner Challenge-Woche, um am Ende die Ausgaben vergleichen zu können.

AUFGABE:

Schaffst du es, dich mit 40 Euro pro Person und Woche* in Bioqualität zu ernähren?

*Dieses Budget entspricht in etwa dem Verpflegungssatz beim Bürgergeld (ehemals Hartz 4).

INSPIRATION:

Selbst kochen statt Fertigprodukte beziehungsweise verarbeitete Lebensmittel, tierische Produkte minimieren und regional und saisonal einkaufen. Mit ein paar einfachen Tricks lässt sich auch in Bioqualität jede Menge Geld sparen.

Hast du es geschafft, das Wochenbudget von 40 Euro nicht zu überschreiten?

Ist es dir schwergefallen?

Wo lagen die größten Herausforderungen?

Wofür hast du während deiner Testwoche am meisten Geld ausgegeben?

Und umgekehrt, wo liegt das größte Einsparpotenzial?

Gibt es etwas, was du nun in deinen Alltag integrieren möchtest?

DEIN PERSÖNLICHES ERGEBNIS:

_____

_____

_____

_____

_____

HAUS & Heim

Vom Home Sweet Home zum Home Green Home. Nachhaltigkeit fängt in den eigenen vier Wänden an, und schon der kleinste Wirkungskreis bietet unzählige Möglichkeiten für »Fair-Änderung« und ein umweltbewussteres Leben. Von der Art, wie wir einkaufen, bis zu den Reinigungsmitteln in unserem Schrank. Das Schöne dabei? Am Ende profitieren nicht nur Klima und Umwelt, sondern auch der Geldbeutel. Du wirst überrascht sein, mit wie wenig Haushaltsbudget ein bewusster Alltag zu stemmen ist und an welchen Ecken sich sogar noch Geld sparen lässt.

31. DER TRICK MIT DER LISTE
BEIM EINKAUF SPAREN

Kennst du das? Du gehst zum Einkaufen und kommst mit viel mehr wieder, als du eigentlich kaufen wolltest? Sonderangebote, Rabattaktionen, gemütliches Licht oder schlicht der knurrende Magen, der dich nach einem langen Arbeitstag in den Laden begleitet, beeinflussen deine Kaufentscheidungen und verführen dich oft, mehr als nötig in den Einkaufswagen zu legen. Eine einfache Lösung und das wohl beste Mittel gegen Impulskäufe aller Art ist eine Einkaufsliste. Altbewährt und heute noch so aktuell wie zu Zeiten unserer Großeltern. Schreib zu Hause auf, welche Vorräte zur Neige gehen, was bereits aufgebraucht ist und was du für die kommende Woche an Lebensmitteln brauchen wirst (Stichwort Meal Prep Tipp 27). Mit diesem Plan in der Hand vermeidest du überflüssige Ausgaben und sparst am Ende sogar noch Zeit.

> ÜBRIGENS: Ein digitaler Einkaufszettel hat den Vorteil, dass du dein Handy meist bei dir hast - einen Zettel auf dem Küchentisch kann man schnell mal vergessen.

32. LEICHTER PUTZEN
GEWUSST, WIE

Schon mal was vom Sinnerschen Kreis gehört? Mit diesem Basiswissen zu Putzen und Reinigung verlieren Flecken und Co. schnell ihren Schrecken, und du kannst am Ende Reinigungsmittel, Energie und somit Geld sparen.

Im vergangenen Jahrhundert entdeckte der Chemiker Herbert Sinner einen spannenden Zusammenhang, der fortan unter dem »Reinigungskreis nach Sinner« oder dem Sinnerschen Kreis bekannt wurde. Um Dinge sauber zu bekommen, bedarf es nämlich grundsätzlich vier Faktoren: Chemie (= Reinigungsmittel), Mechanik (= Kraftaufwand), Temperatur und Zeit. Da diese Faktoren einen geschlossenen Kreis bilden, stehen auch alle Faktoren miteinander in Verbindung. Das heißt, vergrößert sich zum Beispiel dein Kraftaufwand, und du schrubbst kräftiger, dann kann dafür ein anderer Faktor verkleinert werden, und du benötigst weniger oder nur ein milderes Reinigungsmittel. Oder lässt du dein schmutziges Geschirr zum Beispiel länger einweichen (= mehr Zeit), dann kannst du die Spültemperatur reduzieren und verbrauchst so weniger Energie.

Egal, ob beim Eco-Programm (Tipp 57) vieler Haushaltsgeräte, bei der Vorbehandlung von Flecken oder bei selbst gemachtem Reinigungsmittel statt Chemiekeule: Das Sinnersche Wirkungsprinzip steckt hinter vielen nachhaltigen Alltagsanwendungen, und es kann dir helfen, wertvolle Energie zu sparen und die Umwelt zu entlasten.

33. DIY-REINIGUNGSMITTEL
SO SPARST DU GELD UND MÜLL

Putz- und Reinigungsmittel sind oft teuer und belasten die Umwelt unnötig mit einem Cocktail aus verschiedenen Chemikalien. Das ist weder nachhaltig noch gesund, denn übertriebene Hygiene und ein Zuviel an Haushaltschemie kann zu Allergien führen oder deine Haut und Atemwege schädigen. Weniger ist eindeutig mehr. Statt einer Sammlung an Mittelchen für alle Eventualitäten und jede Lebenslage brauchst du nur eine Handvoll preiswerter Hausmittel, um dein Zuhause hygienisch sauber zu halten. Und die richtigen Rezepte zum Selbermachen deiner neuen Lieblinge für Wochenputz und Co.

DIE BASISAUSSTATTUNG
(Wasch-)Soda (Natriumcarbonat)

Natron (Natriumhydrogencarbonat)

Kernseife

heller Essig

Essigessenz

Zitronensäurepulver

Spiritus

Gefäße wie leere Sprühflaschen, Gläser oder Dosen (hier kannst du leere Geschirrspülflaschen, Marmeladengläser usw. nutzen)

Aufkleber oder Marker für die Beschriftung

> ÜBRIGENS: Laut BMUV kaufen Privathaushalte in Deutschland jährlich etwa 1,5 Millionen Tonnen Wasch- und Reinigungsmittel. Damit könnte man 900 Güterzüge beladen.
> Dadurch gelangen jährlich etwa 564.554 Tonnen Tenside, Duftstoffe, Phosphonate, Enzyme oder Silikone ins Abwasser.

34. ZWEI FÜR ALLES!
2 × DIY-ALLESREINIGER

Selbst gemachter Allzweckreiniger kostet nur ein paar Cent und spart auf Dauer jede Menge Verpackungsmüll.

VARIANTE 1: | SO GEHT'S:

700 ml Wasser

2 TL geriebene Kernseife

3 TL Natron

1 Sprühflasche

1 Bringe das Wasser in einem Topf zum Kochen, nimm es vom Herd und rühre mit einem Schneebesen zunächst die geriebene Kernseife ein.

2 Sobald sich die Seife aufgelöst hat, kannst du das Natron hinzufügen und es ebenfalls unter Rühren auflösen.

3 Lass die Mischung abkühlen und fülle sie in deine Sprühflasche. Vor Gebrauch schütteln.

Wenn du die Haltbarkeit von ca. 2 Wochen erhöhen willst, kannst du einen Teil des Wassers durch Alkohol (z. B. Wodka, Korn) ersetzen. Für einen konservierenden Alkoholanteil von 12 bis 15 Prozent brauchst du um die 100 ml Alkohol und 600 ml Wasser.

VARIANTE 2: | SO GEHT'S:

600 ml Wasser

1/2 TL geriebene Kernseife

1 Sprühflasche

2 EL Essigessenz

1 Wasser in einem Topf zum Kochen bringen, den Topf vom Herd nehmen und die Kernseife unter Rühren darin auflösen.

2 Die abgekühlte Flüssigkeit in eine Sprühflasche abfüllen, die Essigessenz hinzugeben und alles gut mischen.

Vorsicht! Aufgrund der Säure nicht für empfindliche Oberflächen wie Naturstein, Linoleumböden und Silikonfugen und -dichtungen geeignet.

35. ZERO WASTE IN DER KÜCHE
GESCHIRRSPÜLMITTEL

Auch Zero-Waste-Geschirrspüler ist kein Hexenwerk und schont dabei Umwelt und Geldbeutel. Wie das klappen kann? Ganz einfach …

VARIANTE »SELBST GEMACHT«	SO GEHT'S:
1 EL Soda	Gib die festen Zutaten in deine Flasche und fülle das Ganze mit warmem Wasser auf. Nun so lange umrühren oder schütteln, bis sich alles aufgelöst hat.
1 EL Natron	
500 ml warmes (abgekochtes) Wasser	
1 Flasche mit Spenderaufsatz	

VARIANTE »FESTE SEIFE«

Wusstest du schon, dass du auch mit fester Seife abspülen kannst und diese Variante im Vergleich zu flüssigem Spülmittel besonders ergiebig ist? Gut geeignet ist reine Olivenölseife wie Aleppo- oder Marseilleseife. Einfach die feuchte Spülbürste über die Seife reiben und schon kannst du drauflosspülen.

> **ÜBRIGENS:**
> Wenn du in einer Region mit sehr kalkhaltigem Wasser wohnst, hilft ein Schuss Essig im Spülwasser, Kalkseifeschlieren und Ablagerungen auf Geschirr und im Spülbecken zu vermeiden.

36. WC-REINIGER
SELBST GEMACHTE KLO-TABS

Statt starker Säuren und Co. mit nur zwei Hausmitteln zu hygienischer Sauberkeit. Und das Beste daran? Du kannst deine WC-Tabs wunderbar vorbereiten und dir einen praktischen Vorrat anlegen.

ZUTATEN:

300 g Natron

2 TL Wasser

1 TL Pfefferminzöl

100 g Zitronensäurepulver

Eiswürfelformen

1 leeres Einmachglas oder luftdichter Behälter

SO GEHT'S:

1 Zunächst Natron, Wasser und Pfefferminzöl in einer großen Schüssel vermischen, bis eine formbare Konsistenz entsteht.

2 Nun gibst du die Zitronensäure hinzu, verrührst das Ganze und füllst es zügig in die Eiswürfelformen. Gut andrücken und schließlich durchtrocknen lassen.

3 Vorsichtig aus den Förmchen lösen, in dein Aufbewahrungsgefäß füllen und beschriften.

37. ROHR FREI OHNE CHEMIE
ABFLUSS REINIGEN LEICHT GEMACHT

Auch gegen verstopfte Abflüsse ist ein preisgünstiges (Haus-)Mittel gewachsen, genauer gesagt, zwei. Kommen nämlich Natron und Essig zusammen, so reagieren sie miteinander, und es wird Kohlenstoffdioxid freigesetzt. Vereinfacht gesagt, sprudelt und schäumt es gewaltig in deinem Abflussrohr, und dadurch werden Ablagerungen und beginnende Verstopfungen gelockert beziehungsweise gelöst.

ZUTATEN:

4 EL Natron

150 ml Essigessenz

1 Lappen

SO GEHT'S:

1 Schütte zuerst das Natronpulver und schließlich den Essig in deinen Abfluss und decke die Öffnung zügig mit einem feuchten Lappen ab.

2 Lass das Gemisch 5 bis 10 Minuten einwirken und spüle dann mit 2 Liter kochendem Wasser nach.

EXTRASPARTIPP: Vorbeugen kann Zeit und Geld sparen. Deshalb sprudle deine Abflüsse am besten einmal im Monat frei, denn sitzt die Verstopfung erst mal fest, wird es umso schwieriger, sie wieder loszuwerden.

38. KALK ADE
WEG MIT DEN ABLAGERUNGEN

ENTKALKER
Wofür? Verkalkte Duschköpfe, Perlstrahler, Wasserkocher oder Armaturen
Vorteil? Zitronensäure löst Kalk, ohne Dichtungen und Co. aus Silikon oder Gummi anzugreifen.
Wie? Zwei bis drei Esslöffel Zitronensäure in einem Liter warmem Wasser auflösen und als Entkalker nutzen. Danach gut spülen beziehungsweise nachwischen.
Vorsicht: Die Mischung aus Wasser und Zitronensäure nicht zu hoch erhitzen, da sich sonst ein harter weißer Belag, das Calciumcitrat, bilden kann.

WIENER KALK
Wofür? Kalkablagerungen, Kalkseifenreste und Schmutzränder auf scheuerbeständigen Oberflächen wie Waschbecken, Spülbecken, Fliesen und Töpfe.
Vorteil? Umweltfreundliches und preiswertes Scheuermittel ohne Mikroplastik.
Wie? Zwei Esslöffel Wiener Kalk und etwas Wasser zu einer Paste anrühren. Danach gut abspülen und trocken nachwischen.

KALKSPRAY
Wofür? Für säurebeständige Oberflächen in Küche und Bad. Nicht für empfindliche Oberflächen wie Naturstein geeignet.
Wie? 500 ml Wasser aufkochen, etwas abkühlen lassen und ½ TL geriebene Kernseife und 4 EL Zitronensäurepulver einrühren. Lösung in eine Sprühflasche abfüllen. Vor Gebrauch schütteln, aufsprühen, einwirken lassen, sauber putzen und abspülen. Nach Anwendung trocken nachwischen.

39. DIY-GLASREINIGER
MEHR DURCHBLICK DANK SPIRITUS

Kaum scheint die Sonne gegen die Fensterscheiben, sind sie da, Schlieren, Wasserflecken, Staub und Schmutzablagerungen. Damit du wieder freie Sicht hast, kommt hier das ultimative Hausmittel für saubere Fenster. Ohne Schnickschnack, ohne Tenside oder synthetische Duftstoffe.

ZUTATEN:

1 Teil Spiritus

1 Teil (abgekochtes) Wasser

1 EL heller (Tafel-)Essig

SO GEHT'S:

Spiritus, Wasser und Essig in der Sprühflasche mischen und fertig ist dein Glasreiniger. Schlierenfreies Trockenwischen klappt übrigens am besten mit alter Zeitung.

> ÜBRIGENS: Am besten am frühen Morgen oder späten Nachmittag Fenster putzen und direkte Sonneneinstrahlung meiden. Die führt nämlich dazu, dass das Glas zu schnell trocknet, und sorgt für unschöne Schlieren.

40. NACHHALTIGE FLECKENENTFERNUNG
WEG MIT DEM FLECK!

ZITRONEN- UND ESSIGSÄURE

Wofür? Zitronensäure bei Flecken in heller Kleidung, Essigsäure bei Flecken in dunkler Kleidung. Nicht geeignet für empfindliche Textilien wie Wolle oder Seide.

Wie? Entweder pur auf dem Fleck verteilen, einwirken lassen und dann gründlich ausspülen. Oder in eine Lösung von einem Esslöffel Zitronensäure beziehungsweise Essigessenz auf einen Liter Wasser einweichen lassen und dann gründlich ausspülen. Wenn möglich, an der Sonne trocknen. Das UV-Licht wirkt wie ein natürliches Bleichmittel und entfernt letzte Fleckenreste.

ÜBRIGENS:
Essigwasser entfernt auch unangenehme Gerüche aus Textilien und von (säurebeständigen) Oberflächen.

NATRON

Wofür? Für Vergilbungen, hartnäckige Flecken, Deoränder, Schweiß- oder Fettflecken und Erbrochenes.

Wie? Rühre Natron und wenig Wasser zu einer Paste an und gib das Ganze direkt auf den Fleck. Mindestens eine Stunde einwirken lassen und gründlich mit warmem Wasser ausspülen. Wenn nötig, die Anwendung wiederholen.

KÄLTE

Wofür? Blutflecken, Wachs oder Kaugummi in Textilien.

Wie? Blutflecken möglichst schnell mit kaltem Wasser auswaschen. Kaugummi- oder Wachsflecken über Nacht ins Gefrierfach und am nächsten Tag einfach abkratzen.

41. DINGE WIEDERVERWENDEN
EIN GRUNDPFEILER DER NACHHALTIGKEIT

Wahrscheinlich haben Menschen noch niemals in unserer Geschichte Rohstoffe so verschwenderisch eingesetzt. Wir kaufen billig und entsorgen schnell, wir nutzen einmal, und schon verwandelt sich ein gerade noch praktisches Hilfsmittel in Müll. Egal, ob Coffee-to-go-Becher oder Billigtextilien, die Zeichen der Wegwerfgesellschaft sind allgegenwärtig. Umso wichtiger ist da der Gegenentwurf, denn eines der Grundprinzipien der Nachhaltigkeit besteht darin, Dinge wiederzuverwenden, statt sie wegzuwerfen. Und das kann zudem bares Geld sparen. Indem du Dingen zu einem zweiten Leben verhilfst, verlängerst du deren Nutzungsdauer und kannst auf so manchen Neukauf getrost verzichten.

WICHTIGSTE FRAGEN FÜR EINEN BEWUSSTEREN BLICK
Gibt es dafür auch eine Mehrwegvariante?
Kann ich das noch für irgendetwas wiederverwenden?

ÜBRIGENS:
In deutschen Haushalten werden insgesamt knapp 40 Millionen Tonnen Abfälle pro Jahr produziert. Das entspricht 476 Kilo Haushaltsabfällen pro Kopf und Jahr (Statistisches Bundesamt 2020).

42. PLASTIKFREIER HAUSHALT?
NUTZE, WAS DU HAST

Plastik ist Segen und Fluch zugleich. Während kurzlebige Einwegverpackungen aus Kunststoff Tag für Tag ein langlebiges Umweltproblem schaffen, haben hochwertige Mehrwegbehälter durchaus eine Daseinsberechtigung. Auch in deinem Haushalt. Im Klartext bedeutet das, dass es keinesfalls nachhaltig wäre, jegliches Plastik komplett aus deinem Zuhause zu verbannen. Und zudem würde es finanziell überhaupt keinen Sinn machen. Nutze das, was schon da ist.

Du willst deine Lebensmittel nicht mehr in Plastik aufbewahren? Kein Problem. Plastikmehrwegboxen eignen sich ganz wunderbar für die Aufbewahrung von Kleinteilen, Stiften oder Spielzeug. Hauptsache, sie landen nicht im Müll und bleiben so lange wie möglich im Gebrauch.

EXTRASPARTIPP: Durch Upcycling lassen sich Lebensmittelverpackungen und Co. mit ein paar Handgriffen aufhübschen und weiterverwenden. So wird etwa ein alter Schuhkarton schnell zur stylischen Aufbewahrungsbox für Papiere, Schrauben und Nägel verschwinden in einer leeren Gewürzdose, und deine Tomatenkonserve beginnt ihr zweites Leben als Stiftebecher.

43. ZERO-WASTE-ALLZWECKWAFFE
EINMACHGLÄSER

Egal, ob als Marmeladen- oder Essiggurkenglas oder gefüllt mit Kichererbsen und Co.: Einmachgläser kommen auf vielen Wegen zu dir und eröffnen dir damit eine kostenlose Wunder-
welt der Müllvermeidung. Du kannst die transparenten Alleskönner nutzen, um Geschenke zu
verpacken, Lebensmittel haltbar zu machen, Schneekugeln, Aufbewahrungsmöglichkeiten für
Stifte und Kleinkram zu basteln, oder zum Abfüllen für selbst gemachte Kosmetik. Aber meine
beiden absoluten Lieblingszweckentfremdungen sind das Einfrieren im Glas und der Zero-Was-
te-Coffee-to-go. Und so geht's:

EINFRIEREN IM GLAS

Achte darauf, möglichst dickwandige und gerade Gläser mit weiter Öffnung zu nutzen.
Der Inhalt deines Glases sollte abgekühlt sein.
Lasse oben im Glas mindestens ein Viertel des Volumens Platz, also mach die Gläser nicht voll.
Lege den Deckel während des Einfrierens nur auf. Danach fest verschließen.

COFFEE TO GO IM GLAS

Einfach deinen Kaffee zu Hause in deinen kostenlosen To-go-Becher füllen und den Deckel
mitnehmen. Unschlagbarer Vorteil ist es, dass der Deckel deinen leeren Becher später zu 100
Prozent flüssigkeitsdicht verschließt.
Bei hitzeempfindlichen Händen hilft der abgeschnittene Schaft einer alten Socke. Über dein
Glas ziehen und fertig ist dein DIY-Hitzeschutz ...

44. BUT FIRST COFFEE (OR TEA)
PREISWERT UND OHNE MÜLL

Hast du schon einmal bewusst die Kilo- beziehungsweise Grammpreise für losen Tee und Beuteltee oder für Kaffee und Kaffeeeinzelportionen verglichen? Wenn nein, dann solltest du das unbedingt tun, denn die Preisunterschiede können enorm sein. Da kommt beim berühmten Kapselkaffee schon mal ein Kilopreis von stolzen 80 Euro und mehr zustande. Und wusstest du, dass die Qualität von Tee im Beutel deutlich schlechter ist, als wenn du ihn lose kaufen würdest? Loser Tee kann deshalb sogar mehrmals aufgegossen werden und ist im Schnitt ebenfalls günstiger als die Einzelpackvariante. Bei dem Sparpotenzial kannst du dir dann durchaus faire Bioqualität leisten und hast am Ende immer noch ein Plus im Haushaltsbudget.

Von all dem unnötigen Müll durch Kapseln und Co. ganz zu schweigen ...

ZERO-WASTE-KAFFEE

Siebträgermaschine

Espressokännchen für den Herd

French Press

Handaufbrühen (Pour-over) mit wiederverwendbaren Kaffeefiltern aus Edelstahl
oder Naturfasern

Mehrwegbehälter für Systemmaschinen (Mehrwegkapseln)

ZERO-WASTE-TEE

Waschbare Teebeutel aus Stoff

Teesieb

Tee-Ei

Stempelkannen (ähnlich French Press)

Teeblätter und Co. lose aufbrühen und dann
durch ein Sieb abgießen

> **ÜBRIGENS:**
> Tee (Schwarztee) verursacht pro Kilo weniger CO_2 und verbraucht beim Anbau weniger Wasser als Kaffee. Und am allerbesten für die Umweltbilanz ist Kräuter- oder Früchtetee aus deiner Region. Die Zutaten dafür kannst du sogar selbst anbauen und/oder ernten.

45. ESSEN AUS DER TÜTE?
TEURE QUETSCHIES

Wer Kinder in seinem Umfeld hat, der kennt sie, diese knallbunt bedruckten Trinktütchen, gefüllt mit Brei oder Fruchtpüree. Quetschies sorgten vor ein paar Jahren für eine kleine Revolution der (Klein-)Kinderernährung und sind, seitdem aus vielen Kinderwagen, Buggys und Brotzeitdosen nicht mehr wegzudenken. Die praktischen Einzelportionen haben allerdings gleich zwei entscheidende Nachteile: Sie sind gemessen an der Menge, alles andere als preiswert, und sie produzieren wahre Berge an schlecht recyclingfähigem Verpackungsmüll. Eine tolle Alternative bieten wiederverwendbare Trinkbeutel. Diese langlebige Mehrwegvariante gibt es entweder aus alu- und BPA-freiem Kunststoff oder aus Silikon, und du kannst sie wunderbar mit (selbst gemachtem) Fruchtpüree, Smoothies oder Brei füllen. Danach einfach reinigen und los geht's zum nächsten Ausflug.

> EXTRASPARTIPP: Noch günstiger und sogar essenziell wichtig für die kindliche Entwicklung sind frische Obst- und Gemüsestückchen. Also nicht vergessen, beizeiten umzusteigen ...

46. TOLLE ROLLE
KÜCHENROLLE ZUM WIEDERVERWENDEN

Dein Geld und kostbare Bäume für Tonne und Klo? Tatsächlich könnte man es genau so sagen. Zwischen 60 und 80 Cent pro Küchenrolle, ein durchschnittlicher Frischfaseranteil von 50 Prozent (Hygienepapier Verband deutscher Papierfabriken) und eine Recyclingquote von quasi null. Keine guten Zahlen. Vor allem dann nicht, wenn man zudem noch den jährlichen Pro-Kopf-Verbrauch von über 19 Kilo im Hinterkopf hat (Deutschland 2020 Umweltbundesamt). Und deshalb kommt hier die nachhaltige und waschbare Lösung ...

MATERIAL:

Pappe 25 x 25 cm

Stoffmarker

saugfähiger Stoff wie z. B. alte Handtücher

Stoffschere

Lineal

Nähmaschine

Küchenrollenhalter mit abschraub- oder abnehmbarer Stange

SO GEHT'S:

1 Zunächst bereite dir eine Schablone aus Pappe vor und schneide dafür ein Quadrat 25 x 25 cm aus. Übertrage nun deine Schablone mit dem Stoffmarker auf den Stoff, schneide die Linien nach und bereite so deine waschbaren »Küchenrollenblätter«vor.

2 Damit die Schnittkanten nicht mit der Zeit ausfransen, werden die Stoffquadrate rundherum mit einem Zickzackstich deiner Nähmaschine versäubert.

3 Für problemloses Abrollen bekommt eines deiner Tücher einen Tunnel verpasst. Lege die Stange von deinem Küchenrollenhalter auf den Stoff, klappe eine Kante über die Stange und steppe den Stangentunnel fest.

4 Jetzt wird gerollt. Schiebe die Stange durch den Tunnel und lege dein Tuch vor dich auf eine glatte Oberfläche. Lege das zweite Stoffquadrat so über das erste, dass es sich auf dem letzten Drittel überschneidet. Ein Stückchen einrollen und wieder das letzte Drittel mit dem ersten Drittel nächsten Tuchs überdecken. So weitermachen, bis du alle Stoffquadrate sauber aufgewickelt hast.

47. DIY-BIENENWACHSTUCH
SERVUS FRISCHHALTEFOLIE

Wer braucht schon Frischhaltefolie aus Plastik, wenn er ein Bienenwachstuch haben kann?
Damit verpackst du Brotzeitbrote, angeschnittenes Obst und Gemüse oder hast immer eine
hübsche Abdeckung für Schüsseln und Teller zur Hand. Nachhaltig und komplett ohne Müll.

MATERIAL:

*Baumwoll- oder Leinenstoff
(am besten Alttextilien)*

Stoffschere

hitzebeständiges Pflanzenöl

*Bienenwachspastillen
(am besten vom regionalen
(Bio-)Imker)*

Backpapier

Bügeleisen

SO GEHT'S:

1 Neue Stoffe im Vorfeld waschen oder am besten Alttextilien
(z. B. Bettbezug) upcyceln. Zunächst musst du deinen Stoff
in Quadrate mit Seitenlängen zwischen 15 und 30 Zentimetern
schneiden. So hast du am Ende das passende Wachstuch für
jede Gelegenheit.

2 Heize deinen Backofen auf ca. 80 °C vor. Währenddessen
verteilst du ein wenig Pflanzenöl auf den Stoffquadraten,
bis sich die gesamte Oberfläche leicht fettig anfühlt. Lege die
Stoffe auf ein mit Backpapier ausgelegtes Backblech und be-
streue sie gleichmäßig mit Bienenwachspastillen.

3 Schiebe dein Backblech in den heißen Ofen und lasse die Wachspastillen langsam in den
Stoff einschmelzen. Noch ungewachste Stellen einfach mit ein paar zusätzlichen Bienenwachspastillen nachbehandeln.

4 Für ein perfektes Finish kommt das
Bügeleisen zum Einsatz. Lege deine
Wachstücher zwischen zwei Lagen Back-
papier und bügle sanft und mit wenig
Druck darüber.

> **ÜBRIGENS:**
> Bienenwachstücher lassen
> sich je nach Verschmutzungsgrad
> wunderbar mit lauwarmem Wasser
> oder lauwarmem Seifenwasser
> reinigen. Aber bitte nicht für
> Fleisch, Wurst oder Käse
> verwenden.

48. KOSTENLOSER STAUBMAGNET
FEINSTRUMPFHOSE REBORN

Wäre es nicht wunderbar, wenn der Staub zu Hause einfach verschwinden würde? Ganz ohne Zeitaufwand und Arbeit bleibt das natürlich nur eine Traumvorstellung. Aber elektrostatisch geladene Staubtücher und -wedel kommen diesem Putzzauber doch schon ziemlich nahe, oder? Wenn da nicht die Schattenseite der Wegwerfstaubmagneten wäre, wie ein hoher Material-verbrauch, jede Menge Plastikmüll und Kosten von bis zu 60 Cent pro Wedel. Eine wirkungsvolle und vor allem kostenfreie Alternative zum beliebten Einwegprodukt sind ausrangierte Fein-strumpfhosen. Einfach mit der Schere in passende Stücke schneiden, über einen Wischerbezug spannen oder als handliches Staubtuch nutzen.

49. WURMKISTE
VOM BIOMÜLL ZU WERTVOLLEM DÜNGER

Wie wäre es mit deinem eigenen Kompost in der Wohnung? Klingt erst mal ein bisschen schräg, und wahrscheinlich denkst du automatisch an üble Gerüche und Fliegen, oder? Tatsächlich aber kannst du mit einer sogenannten Wurmkiste deinen Biomüll loswerden, eigene Komposterde und hochwertigen Dünger produzieren. Dabei entsteht lediglich der Duft von feuchtem Waldboden. Die Hauptrolle bei dieser wunderbaren Verwandlung spielen Kompostwürmer der Spezies *Eisenia foetida* und *Eisenia andrei*, die wahrscheinlich ungewöhnlichsten kleinen Mitbewohner, die du je hattest. Eine Wurmkiste kannst du entweder fertig oder als Bausatz kaufen, oder du baust sie einfach aus nur drei Modulen selbst.

> **ÜBRIGENS:**
>
> **Wurmfutter:** rohe, ungesalzene Gemüsereste, Obstreste, Tee- und Kaffeesatz (bis zu 30% der täglichen Futtermenge), zerkleinerte Eierschalen, Pflanzenreste (unverholzt), Zeitungspapier und Pappe (bis zu 20% der täglichen Futtermenge)
>
> **Kein Wurmfutter:** Fleisch und Wurstreste, Milchprodukte, Zitrusfrüchte, Gekochtes, Mariniertes oder Gesalzenes, Knochen, Brot und Getreideprodukte, Hochglanzpapier und zu viel von nur einer Futterart

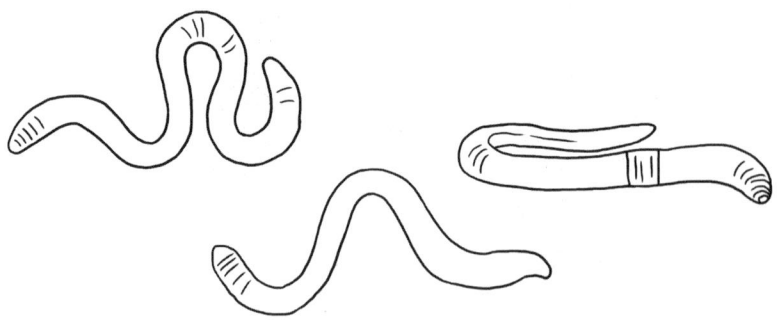

50. EASY-PEASY DIY
WURMKISTE SELBST BAUEN

Im Prinzip besteht deine DIY-Wurmkiste aus drei Teilen: einer Auffangschale für den Wurmtee (= Flüssigdünger 1:10) und zwei Kompostierungsbehälter für Biomüll, Würmer und Wurmhumus.

MATERIAL:

Bohrmaschine mit 8 mm
Holzbohrer

2 stapelbare Euroboxen
60 x 40 x 32 cm (grau)

Pflanzvlies

1 stapelbare Eurobox
60 x 40 x 7,5 cm (grau,
ohne Grifflöcher)

Zeitung und Pappe
(z. B. Eierkartons)

Kompostwürmer

Hanfvlies oder Jutestoff
60 x 40 cm

Sprühflasche mit Wasser

1 Euroboxdeckel
60 x 40 cm (grau)

Sprühflasche mit Wasser

SO GEHT'S:

1 Bohre Löcher in die Böden der beiden hohen Euroboxen und klebe die Grifflöcher sorgfältig mit Pflanzvlies zu. So sorgst du für Sauerstoffzufuhr und verhinderst, dass deine Würmchen auf Wanderschaft gehen.

2 Jetzt geht es schon ans Befüllen der neuen Wurmkiste. Die Basis ist die 7,5 cm hohe Box, denn sie dient als Auffangschale für den Wurmtee. Darauf stapelst du Box eins und legst den Boden der Box mit mehreren Lagen feuchtem Zeitungspapier aus. Nun folgen eine Schicht zerknüllte Zeitung und Pappe und eine weitere Zeitungspapiertrennlage. Alles gut befeuchten, und dein Wurmbett ist bereit für die neuen Bewohner. Kompostwürmer und Biomüll einfüllen und die Kompostierung mit Hanfvlies oder Jutestoff abdecken. Box zwei darüberstapeln, den Boden der Box mit zerknüllter Zeitung und Pappe bedecken, anfeuchten und mit dem Deckel verschließen.

3 Sobald die untere Box ausreichend mit Küchenabfällen gefüllt ist, kannst du damit beginnen, die Etage darüber mit Biomüll zu befüllen und sie mit dem Hanfvlies abzudecken. Über die Bohrlöcher im Boden der Box wandern die Würmer dann langsam nach oben und schließlich kannst du in der unteren Etage wurmfreie Komposterde ernten.

51. BOKASHI
FERMENTIEREN STATT KOMPOSTIEREN

Würmer sind nichts für dich? Kein Problem, dann fermentiere doch einfach deinen Biomüll. Das Zauberwort heißt Bokashi und ist so etwas wie der Turbo für die Entsorgung deiner organischen Reste. Statt in mehreren Monaten wie durch Kompostwürmer ist die Fermentation im sogenannten Bokashi-Eimer nach nur zwei bis drei Wochen abgeschlossen und erzeugt im Ergebnis eine Art Kompostvorstufe. Dieses nährstoffreiche Ferment muss dann zuerst vererdet werden, bevor du es als Dünger einsetzen kannst. Mische dein saures Ferment dazu mit Erde, so neutralisiert sich der saure pH-Wert langsam über einen Zeitraum von ca. zwei Wochen.

Der Bokashi-Saft hingegen, der während des Fermentationsvorgangs entsteht, ist sofort einsatzbereit, und du kannst ihn je nach Verdünnung als Flüssigdünger, Pflanzenschutzmittel oder sogar zur natürlichen Reinigung deiner Abflüsse verwenden.

52. EINMAL TORFFREI BITTE!
REGIONALE BLUMENERDE

Preisgünstig, regional, plastikfrei und gut fürs Klima, das ist Pflanzerde aus deinem örtlichen Zweckverband oder Abfallwirtschaftsbetrieb. Wusstest du schon, dass du hier oftmals hochwertige Erde aus der Kompostierung von kommunalem Biomüll kaufen kannst? Auf Wunsch unverpackt zum Selbstabfüllen, ohne lange Transportwege und torffrei. Dabei ersetzen regionale Stoffkreisläufe eine großflächige Umweltzerstörung mit fatalen Auswirkungen. Für den Abbau von Torf müssen nämliche Moore trockengelegt werden, und das bedeutet nicht nur den Verlust artenreicher Ökosysteme, sondern zudem gehen ein natürlicher Hochwasserschutz und wertvolle CO_2-Speicher für immer verloren.

> ÜBRIGENS: Acht Prozent der landwirtschaftlich genutzten Fläche in Deutschland sind Moorböden. 6,7 Prozent der deutschen Treibhausgasemissionen stammen aus der Zersetzung von Moorböden durch Entwässerungsmaßnahmen und Torfnutzung. Das entspricht etwa 53 Millionen Tonnen CO_2 (BMEL).

53. AUS EINS MACH ZWEI
SO WÄCHST DEIN URBAN JUNGLE

Laut einer Studie der Agrarmarkt Informationsgesellschaft geben Deutsche im Schnitt über 100 Euro pro Jahr für Blumen und Pflanzen aus, und dank Plantfluencern, Urban-Jungle-Trend und dem Wunsch nach mehr Natur in den eigenen vier Wänden ist die Tendenz steigend. Die Schattenseite dieser grünen Welle sind lange Transportwege mit großen Mengen an Treibhausgasemissionen und schlechte Arbeitsbedingungen, hohe Pestizidbelastung und Raubbau an natürlichen Ökosystemen in den Herkunftsgebieten.

Eine nachhaltige und zudem noch kostenfreie Alternative ist es, deine Pflanzen einfach selbst zu vermehren.

MIT ABLEGERN

Einiger deiner Zimmerpflanzen machen es dir besonders leicht und bilden am Haupttrieb sogenannte Ableger aus. Diese Babypflanzen haben bereits Wurzeln und können problemlos von der Mutterpflanze abgetrennt werden, sobald sie einige Blätter ausgebildet haben. Einfach in nährstoffarme (Anzucht-)Erde umtopfen und beim Wachsen zusehen.

Beispiele: Banane, Aloe Vera, Grünlilie, Bromelie, Sukkulenten

MIT STECKLINGEN

Sogenannte Kopfstecklinge bestehen aus einer Triebspitze deiner Mutterpflanze mit Stängel und einigen Blättern. Du kannst deinen abgeschnittenen Steckling zunächst in ein Wasserglas stellen und warten, bis er ausreichend Wurzeln gebildet hat, oder du pflanzt ihn direkt in feuchte, nährstoffarme Erde. Bei letzterer Methode empfiehlt es sich, ein Glas über den Topf zu stülpen, um ein Austrocknen zu verhindern.

Beispiele: Monstera, Geldbaum, Ficus-Arten, Gummibaum

Bei manchen Arten reicht als Steckling sogar lediglich ein (Teil von einem) Blatt aus, um deine Pflanze erfolgreich zu vermehren.

Beispiele: Usambaraveilchen, Bogenhanf, Sukkulenten

54. SECONDHANDPFLANZEN
PFLANZENLIEBE FÜR WENIG GELD

Dein grüner Daumen braucht noch mehr zu tun? Dann starte doch einen Pflanzentausch unter Freunden, in der Familie oder in der Nachbarschaft. Auch viele Stadtteil- und Gemeindezentren bieten regelmäßig Tauschbörsen und private Pflanzenmärkte für Hobbygärtner*innen und Wohnzimmerdschungelbewohner*innen. Hier kannst du deine Pflanzenbabys einfach gegen neue grüne Mitbewohner tauschen, mit kleinem Geldbeutel einkaufen und gleichzeitig im direkten Gespräch viel Spannendes zur richtigen Pflege und natürlichen Schädlingsbekämpfung erfahren.

Noch mehr obdachlose Secondhandpflanzen gibt es auf Kleinanzeigenportalen im Netz.

> **EXTRASPARTIPP:**
> Passende Pflanztöpfe findest du haufenweise und zu günstigen Preisen in Gebrauchtwarenhäusern oder auf Flohmärkten, aber auch Geschirr, alte Töpfe oder leere Lebensmitteldosen lassen sich wunderbar zum stylischen Blumentopf umfunktionieren.

DIE WENIGER-PLASTIKMÜLL-
CHALLENGE

WARUM?

Weltweit werden Jahr für Jahr 300 Millionen Tonnen Plastik hergestellt (BMUV), und allein in Deutschland landen knapp 230 Kilo an Verpackungen pro Kopf und Jahr im Müll (Umweltbundesamt 2019). Damit liegen wir Deutschen ganze 50 Kilo über dem europäischen Mittelwert. Unfassbare Zahlen, die gleich zwei Probleme eindrucksvoll belegen: einen enormen Verbrauch an wertvollen Ressourcen (Erdöl und Erdgas) und gigantische Mengen an Plastikmüll, die oftmals nur zu weniger als 50 Prozent recycelt werden. Höchste Zeit, daran etwas zu verändern und deinen Plastikmüll zu reduzieren. Und tatsächlich ist das nicht nur gut für Umwelt und Klima, sondern vielfach sogar eine aktive Maßnahme zum Geldsparen.

VORBEREITUNG UND ABLAUF:

Sammle eine Woche lang deinen Verpackungsmüll, notiere dir die grobe Müllmenge (z. B. ein halber Müllsack voll), und mache eine Müllanalyse. Welche Produkte verursachen bei dir zu Hause die größten Mengen an Abfall?

AUFGABE:
Schaffst du es, deine Menge an Verpackungsmüll pro Woche zu halbieren?

INSPIRATION:

Selbst machen statt verpackt kaufen, wiederverwenden statt wegwerfen. Diese beiden Maßnahmen sparen nicht nur Verpackungsmüll, sie schonen auch deinen Geldbeutel.

Welche konventionellen Produkte konntest du durch selbst gemachte ersetzen?
Bist du mit der Qualität/dem Geschmack der DIY-Variante genauso zufrieden wie mit der gekauften?
Hast du neue Lieblingsprodukte?
Haben sich dein Bewusstsein und dein Blick auf Verpackungen im Laden verändert?

DEIN PERSÖNLICHES ERGEBNIS:

ENERGIE & Strom

Wer aktiv Strom im Haushalt einspart, der tut nicht nur etwas Gutes für sein finanzielles Polster, sondern auch für den Klimaschutz. Damit du nämlich den Strom aus deiner Steckdose nutzen kannst, muss er zunächst aufwendig und vielfach unter hohem Ressourcenverbrauch erzeugt werden. Laut Statistischem Bundesamt gehen selbst im Jahr 2021 noch 60 Prozent der Bruttostromerzeugung Deutschlands auf das Konto von Kohle, Erdgas und Atomenergie. Stromsparen heißt also auch, schädliche Treibhausgasemissionen zu reduzieren und den Klimawandel ein Stück weit abzubremsen.

55. ENERGIEBERATUNG
STROM SPAREN WIE EIN PROFI

Du willst zu Hause noch mehr Strom und Energie sparen, kommst aber allein nicht mehr so recht voran? Dann nutze doch eine persönliche Energieberatung, um die letzten Einsparmöglichkeiten zu mobilisieren, staatliche Förderungen effizient zu nutzen und so deine Haushaltskasse auf Dauer spürbar zu entlasten. Entsprechende Beratungsangebote für Mieter*innen und Eigentümer*innen gibt es deutschlandweit bei Verbraucherzentralen, Klimaschutz- und Energieagenturen, aber auch bei vielen der lokalen Energieversorger.

Ein sogenannter Basischeck ist für alle ohne Zuzahlung möglich, und die Preise für umfassendere Energiechecks sind bundesweit einheitlich auf 30 Euro festgelegt. Einkommensschwache Haushalte können mit entsprechendem Nachweis alle Angebote kostenlos nutzen.

Alternativ kannst du dich auch selbst auf die Suche nach Stromfressern in deiner Wohnung machen. Dafür benötigst du ein Strommessgerät. Meist liegen sie in Verbraucherzentralen oder öffentlichen Bibliotheken zum Ausleihen bereit. Dieser praktische Helfer wird zwischen das Elektrogerät und die Steckdose geschaltet und zeigt an, wie viel Leistung das Gerät aus dem Netz zieht.

EXTRASPARTIPP:
Unter http://www.no-e.de/html/ausleihen.php erfährst du, wo du vor Ort ein Strommessgerät ausleihen kannst.

56. STAY COOL
KÜHLEN, ABER ENERGIEEFFIZIENT!

Kühl- und Gefrierschränke gehören je nach Größe, Alter und Modell mit zu den größten Strom-fressern. Aber auch dort kannst du wertvolle Energie sparen, und zwar ganz ohne teure Neu-anschaffung.

Hast du schon einmal nachgemessen, ob dein Kühlschrank und das Gefrierfach überhaupt richtig temperiert sind? Optimal sind minus 18 Grad im Froster und 7 Grad plus im oberen Bereich des Kühlschranks. Als Faustregel gilt: Jedes Grad kälter erhöht den Stromverbrauch um bis zu zehn Prozent! Da ein voller Kühlschrank energieeffizi-enter ist als ein leerer, kannst du überschüssigen Platz auf den Regalböden einfach mit Kühlakkus oder Styropormüll füllen. So wird das Luftvolu-men, das heruntergekühlt werden muss, verringert.

EXTRASPARTIPP: Wähle die Größe des Kühl- und Gefrierschranks eher konservativ, das heißt so groß wie nötig und so klein wie möglich. Achte auf stromsparende Geräte der Klasse A und verzichte auf eine Abtaufunktion, denn die verbraucht zusätzliche Energie.

Ein regelmäßiges Abtauen von Vereisungen spart ebenfalls rund 10 bis 15 Prozent Strom ein. Am effizientesten geht es der Eisschicht in der kalten Jahreszeit an den Kragen, denn da kannst du deine Lebensmittel entspannt und ohne große Temperaturschwankungen draußen zwischenla-gern. Und zur Vorbeugung von neuem Eis solltest du den Kühlschrank so wenig wie möglich und nur so lange wie nötig öffnen, keine warmen Speisen hineinstellen und das Kühl- und Gefriergut möglichst luftdicht und wasserundurchlässig verpacken.

57. ECO-PROGRAMM
ENERGIESPAREN AUF KNOPFDRUCK

Eco-Programme bei Waschmaschine und Geschirrspüler arbeiten mit langer Laufzeit und niedrigeren Temperaturen. Dabei kann sich das Einsparpotenzial durchaus sehen lassen, denn im Schnitt wird nur etwa halb so viel Energie verbraucht wie im Normalprogramm. Kurz- oder Schnellprogramme hingegen solltest du lieber meiden. Für gleiche Reinigungsergebnisse in kürzerer Zeit wird hier nämlich deutlich mehr Energie verbraucht.

EXTRASPARTIPP: Eine regelmäßige Reinigung (ca. alle 2 Wochen) beugt Biofilmen, Bakterien und damit Gerüchen in der Waschmaschine und im Geschirrspüler vor. Dafür beim Geschirrspüler Sieb, Sprüharme und die Türfuge gründlich putzen. Danach einen Reinigungsdurchlauf durchführen. 2-3 EL Zitronensäure ins Pulverfach und 5 EL Natron in der Maschine verteilen und dann bei mittlerer Temperatur ohne Vorprogramm laufen lassen. Bei der Waschmaschine 3 EL Waschsoda ins Waschmittelfach oder ein Geschirrspültab direkt in die Wäschetrommel geben und bei 60 Grad leer laufen lassen. Zusätzlich dazu kannst du regelmäßig beim Waschen 1 bis 2 EL Waschsoda zum Waschmittel hinzugeben.

58. WÄSCHE WASCHEN
HYGIENISCH SAUBER UND NACHHALTIG

Viele waschen ihre Wäsche zu heiß, dabei sind für hygienische Sauberkeit in der Regel 30 bis 40 Grad völlig ausreichend. Einsparpotenzial? Im Vergleich zum klassischen 60-Grad-Waschgang 45 und mehr Prozent an Strom (laut Öko-Institut e.V.). Hohe Temperaturen sind nur dann notwendig, wenn ein akutes Infektionsrisiko besteht, also zum Beispiel durch eine Magen-Darm-Erkrankung, Fußpilz, oder wenn jemand ein geschwächtes Immunsystem hat.

59. LET THE SUN SHINE
TROCKENE WÄSCHE DANK SONNE UND WIND

Die mit Abstand nachhaltigste und preisgünstigste Methode, deine Wäsche zu trocknen, ist das Lufttrocknen auf einem Wäscheständer oder über der Leine.

Wer nicht die Möglichkeit hat, auf Balkon oder im Garten unter freiem Himmel zu trocknen, der sollte unbedingt darauf achten, einen geeigneten und gut belüfteten Raum, etwa im Keller oder auf dem Dachboden, zu nutzen, da sonst Schimmelbildung droht. Und den braucht wirklich niemand! Regelmäßiges Stoß- und Querlüften sind also Pflicht. In der Wohnung solltest du für den Wäscheständer am besten ein Zimmer mit 20 Grad Raumtemperatur wählen, denn je kühler die Luft ist, desto weniger Wasser kann sie aufnehmen und desto höher ist das Risiko, dass sich an kalten Flächen Feuchtigkeit niederschlägt.

Wenn du Textilien vor dem Aufhängen gut ausschüttelst und Kleidung auf Bügeln trocknen lässt, beugst du Falten vor und kannst in vielen Fällen aufs Bügeln verzichten.

ÜBRIGENS: Um die Restfeuchte in deinen Textilien zu reduzieren, lohnt es sich, beim Waschgang ein Programm mit möglichst hoher Drehzahl beim Schleudern zu wählen oder die Umdrehungen pro Minute manuell hochzusetzen. Checke also im Vorfeld die Pflegeetiketten, sortiere entsprechend empfindliche Teile aus und schleudere, was das Zeug hält. Optimal sind 1.400 bis 1.600 Umdrehungen pro Minute.

60. WÄSCHE TROCKNEN
TECHNIK ENERGIEEFFIZIENT NUTZEN

Eine tolle Lösung für kleine Wohnungen und Lebenslagen mit großen Wäschebergen sind klassische Wäscheschleudern. Dieses kompakte Elektrogerät passt in jede Ecke und gehörte noch vor ein paar Jahrzehnten zum Standard. Im Vergleich zum Wäschetrockner bekommst du hier zwar keine schranktrockene Kleidung aus der Trommel, aber nach nur wenigen Minuten Laufzeit wird die Restfeuchtigkeit so stark reduziert, dass deine Textilien auf dem Wäscheständer mehr als doppelt so schnell trocknen. So lässt sich nicht nur das Schimmelrisiko in Räumen erheblich senken, sondern auch Zeit und Platz sparen. Und Geld in der Haushaltskasse! Wäscheschleudern sind nämlich in der Anschaffung deutlich preisgünstiger als Wäschetrockner und mit einem Stromverbrauch von nur 0,03 kWh zudem klimafreundlicher und energiesparender.

Übrigens arbeiten Wäscheschleudern mit mehr als doppelt so vielen Umdrehungen pro Minute, als die meisten Waschmaschinen in ihren Schleuderprogrammen schaffen, und sind trotzdem für empfindliche Textilien wie Wolle, Seide oder Sportkleidung geeignet.

> EXTRASPARTIPP: Wer dennoch mit einem Wäschetrockner liebäugelt, der sollte beim (Gebraucht-)Kauf unbedingt einen Wärmepumpentrockner wählen und keinen Kondenstrockner. Hier ist je nach Effizienzklasse eine Energieersparnis von bis zu 70 Prozent möglich.

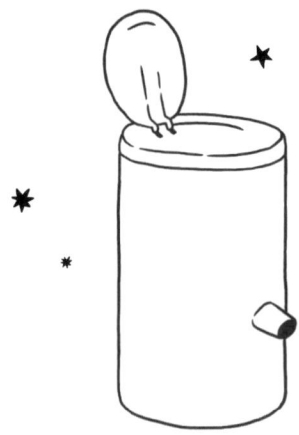

61. BESSER KOCHEN
TIPPS UND TRICKS FÜR HERD UND OFEN

Auf jeden Topf passt ein Deckel, und das ist auch gut so, denn ein gut schließender Deckel kann die Kochwärme regelrecht einfangen, die Garzeit verringern und helfen, den Energieverbrauch beim Kochen um bis zu ein Drittel zu senken. Achte auch darauf, dass die Größe der Kochplatte zur Größe des Topfes oder der Pfanne passt. Und wusstest du, dass du bei vielen Gerichten getrost auf das Vorheizen des Backofens verzichten kannst? Das gilt vor allem für alles, was nicht knusprig werden soll. Unbedingt notwendig ist das Vorheizen allerdings beim Brotbacken.

Übrigens verbraucht der Ofen bei Umluft etwa 20 Prozent weniger als bei Ober- und Unterhitze.

> **EXTRASPARTIPP:** Ein Wasserkocher bringt kleinere Mengen Wasser energieeffizienter zum Kochen als die Herdplatte. Das gilt insbesondere, wenn du einen klassischen Elektroherd mit Gusseisenplatte oder Ceranfeld zu Hause hast. Wichtig dabei ist es, immer nur die Menge zu erhitzen, die du wirklich benötigst, und deinen Kocher regelmäßig zu entkalken.

62. LET'S TALK ABOUT RESTWÄRME
STROM UND WÄRME MEHRFACH NUTZEN

Und noch ein Tipp für Herd und Ofen: Wenn du keinen Induktionsherd besitzt, kannst du deine Herdplatte oder den Backofen bereits fünf bis zehn Minuten vor Ende der Garzeit ausschalten und so effizient die Restwärme nutzen, ohne weiteren Strom zu verbrauchen. Neben dem schlichten Nachgaren gibt es noch viele weitere wunderbare Möglichkeiten, in denen deine Restwärme sinnvoll zum Einsatz kommt.

IDEEN FÜR DIE RESTWÄRME IM OFEN
Brot- oder Brezelreste trocknen (Tipp 30)
Frische Kräuter trocknen
Hafertrester trocknen (feste Haferreste von Tipp 6)
Klein geschnittenes Obst und Gemüse trocknen
Obstschalen für selbst gemachten Früchtetee trocknen

IDEEN FÜR DIE RESTWÄRME DER HERDPLATTE
Verkrustungen und Angebranntes mit etwas Wasser lösen
Wasser für Tee oder zum Abspülen erhitzen

Bei Plätzchen oder Kuchen solltest du dich allerdings lieber vorsichtig herantasten, denn hier sind oft exakte Backtemperaturen bis zum Schluss gefragt.

63. ONE-POT-MEALS
ALLES IN EINEM TOPF

Zwiebeln andünsten, Gemüse braten, Nudeln kochen. Ein einziges Essen braucht oft viele verschiedene Töpfe und Pfannen, bis es bei dir auf dem Teller landet. Dabei bedeuten weniger aktive Herdplatten auch automatisch weniger Stromverbrauch. Die Lösung sind sogenannte One-Pot-Meals, also das Essen aus nur einem Topf. Mit ihnen lässt sich gleich doppelt Energie sparen, zum einen beim Kochen selbst und zum anderen beim Abspülen im Nachgang des Essens. Klassische One-Pot-Meals sind Risotto, Eintöpfe und Suppen aller Art, aber selbst Nudelgerichte lassen sich ratzfatz in nur einem Topf kochen. Der Trick? Alle Zutaten für die Nudelsauce werden klein geschnitten und kommen zusammen mit den harten Nudeln (Kochzeit mindestens 8 Minuten) in einen passenden Topf. Nun pro 250 Gramm Pasta etwa einen halben Liter Wasser oder Brühe hinzugeben und aufkochen lassen. Danach bei geschlossenem Deckel so lange sanft köcheln, bis die Nudeln weich sind. Und natürlich gelegentliches Umrühren nicht vergessen.

64. WASSER MARSCH!
DER DUSCHKOPF MACHT'S

Pro Haushalt entfallen in Deutschland rund 14 Prozent des Energieverbrauchs auf Warmwasser (Statistisches Bundesamt 2019). Warmes Wasser verbraucht also sehr viel Energie, und das heißt im Umkehrschluss, je sparsamer du damit umgehst, desto besser für Klima und Geldbeutel. Wer jetzt nicht gleich kalt duschen möchte, dem sei ein Sparduschkopf wärmstens ans Herz gelegt. Diese speziellen Brausen reduzieren die Durchflussmenge an Wasser. Manchmal, indem sie Luft und Wasser mischen, und manchmal schlicht dadurch, dass sie weniger Wasser hindurchlassen. Während durch einen herkömmlichen Duschkopf durchschnittlich 12 bis 15 Liter pro Minute fließen, kommt ein Sparduschkopf je nach Hersteller und Modell gerade mal auf sechs bis neun Liter pro Minute.

ÜBRIGENS: Solltest du einen hydraulischen Durchlauferhitzer zu Hause haben, dann informiere dich im Vorfeld beim Hersteller über die Mindestdurchlaufmenge an Wasser pro Minute. Manche Modelle benötigen nämlich mindestens acht Liter pro Minute, um sich überhaupt einzuschalten.

65. WIE WARM IST WARM GENUG?
BOILER UND DURCHLAUFERHITZER

Nicht bei allen kommt das warme Wasser einfach aus der Leitung. Wer einen Boiler oder Durchlauferhitzer zu Hause hat, der kann auch hier mit ein paar Tricks Energie und Geld sparen. Punkt
1 ist eine regelmäßige Entkalkung deiner Geräte, um keine Energie zu verschwenden. Und auch
Fehler bei der Temperatureinstellung kosten unnötig Energie und damit Geld. Bei Boilern, in
denen das Wasser ja länger steht (Stichwort Keime), solltest du die Temperatur auf 60 Grad
oder knapp darüber einstellen. Bei Durchlauferhitzern im Bad reichen 38 Grad und in der Küche
45 Grad aus.

Der letzte Punkt dreht sich um Zeiten, in denen
du gar kein warmes Wasser benötigst. Im Urlaub
und nachts kannst du Boiler und Durchlauferhitzer deshalb komplett ausschalten. Vor allem für
die Nächte kann eine einfache Zeitschaltuhr ein
lohnendes Investment sein.

ÜBRIGENS: Bitte denke daran, nach dem Urlaub das Ge-
brauchswasser zunächst höher
zu erhitzen als üblich, um etwaige Keime (z. B. Legionellen)
zuverlässig abzutöten.

66. LUXUSBABY!
WENIGER BADEN, MEHR DUSCHEN

Ein warmes Bad in der kalten Jahreszeit ist Wellness für die Seele. Doch so schön ein Vollbad
auch ist, es ist ein wahrer Luxus und verbraucht rund 120 Liter warmes Wasser. Nicht gerade
nachhaltig, oder? Um Energiekosten und Leitungswasser zu sparen, macht es also Sinn, lang-
fristig auf Duschen umzustellen. Hier benötigst du nämlich selbst bei gemütlichen 10 Minuten
Duschzeit bis zu 40 Prozent weniger Warmwasser. Und wenn du zusätzlich noch die Temperatur
ein bisschen herunterregelst, kannst du gleich doppelt sparen.

67. BLAU STATT ROT
SAUBERE HÄNDE OHNE ENERGIEVERBRAUCH

Ein weitverbreiteter Mythos ist, dass es warmes Wasser braucht, um die Hände hygienisch sauber zu waschen. Das ist falsch. Tatsächlich spielt die Wassertemperatur für die Entfernung von Schmutz, Bakterien, Pilzen und Viren gar keine Rolle. Entscheidend sind die Verwendung von Seife, das gründliche Einschäumen und die Dauer des Händewaschens, und all das funktioniert mit kaltem Wasser genauso gut wie mit warmem. Saubere Hände gibt es also auch ohne Energieverbrauch. Gut fürs Klima, den Geldbeutel und deine Haut – denn kaltes Wasser strapaziert die Haut weniger als warmes.

EXTRASPARTIPP: Apropos Händewaschen: Ähnlich dem Prinzip Sparduschkopf lässt sich auch am Wasserhahn Wasser sparen. Sogenannte Durchflussbegrenzer und Perlstrahler können einfach an den Hahn geschraubt werden und reduzieren die Durchflussmenge an Wasser um bis zu 30 Prozent.

68. HYGGELIG

VOM HEIZEN UND LÜFTEN

Laut Statistischem Bundesamt entfällt der größte Anteil, etwa 70,7 Prozent, des privaten Energieverbrauchs aufs Heizen. Hier lohnt sich also ein genauer Blick! Die ideale Raumtemperatur liegt bei 20 Grad und in Küche und Schlafzimmer sogar lediglich bei 17 bis 18 Grad. Achte also darauf, deine Räume nicht zu überheizen, denn jedes Grad weniger entspricht einer Energieeinsparung von ungefähr sechs Prozent. Und auch das Lüften ist ein wichtiger Faktor beim Energiesparen. Wer richtig lüftet, verschwendet keine Heizenergie, beugt Schimmel vor und sorgt für ein gesundes Raumklima.

Und so geht's: grundsätzlich immer mit weit geöffneten Fenstern stoßlüften und, wenn möglich, zusätzlich für Durchzug sorgen. Das alles zusammen ermöglicht einen schnellen Luftaustausch, das heißt, im Sommer heizen sich die Räume nicht auf, und im Winter kühlen sie nicht zu sehr ab. Wie lange und wie oft du am Tag lüften solltest, hängt ein bisschen davon ab, wie viel du zu Hause bist, wie viele Personen bei dir wohnen und wie warm es draußen ist. Als Faustregel gilt, unter 10 Grad Außentemperatur reichen 5 Minuten mit offenem Fenster, und wenn du viel zu Hause bist, sollte ca. drei- bis viermal täglich stoßgelüftet werden.

Im Winter ist es übrigens durchaus sinnvoll, die Heizkörperthermostate vor dem Lüften abzustellen (Tipp 70).

EXTRASPARTIPP: Zugige Fugen an Fenstern und Türen kannst du mit einem Gummi- oder Schaumdichtungsband abdichten. So bleibt die Wärme in der Wohnung. Messgeräte für Luftfeuchtigkeit und Raumtemperatur unterstützen dich dabei, das Raumklima zu optimieren.

69. HEIZKÖRPER ENTLÜFTEN
SCHLUSS MIT GLUCKERN UND ZU HOHEN KOSTEN

Wenn sich im Heizkreislauf Luft befindet, kann das Wasser im Heizkörper nicht mehr optimal zirkulieren. Das vermindert nicht nur die Heizleistung, sondern erhöht auch den Energieverbrauch unnötig. Bis zu 15 Prozent der Energie können so ungenutzt verloren gehen. Wenn deine Heizung also ungewohnte Geräusche macht oder nur noch die untere Hälfte deiner Heizkörper richtig warm wird, ist es höchste Zeit für eine Entlüftung.

Als Mieter*in kannst du im Vorfeld den Heizkreislauf deiner Wohnung mithilfe des Absperrventils vorübergehend stilllegen, Hauseigentümer*innen sollten die Umwälzpumpe abstellen. Anschließend etwa eine Stunde warten, damit sich die Luft an einer Stelle im Heizkörper sammeln kann. Alles, was du nun brauchst, sind ein Putzlappen, ein kleines Gefäß zum eventuellen Auffangen von Wasser und je nach System eine Zange oder ein kleiner Entlüftungsschlüssel aus Metall. Letzteren bekommst du für ein paar Euro in jedem Baumarkt. Nun mit etwas Fingerspitzengefühl das Ventil gegen den Uhrzeigersinn öffnen und die eingeschlossene Luft entweichen lassen, bis Heizungswasser austritt. Hier ist Vorsicht geboten, denn das Wasser kann heiß sein und etwas spritzen! Danach das Ventil schließen, Absperrventil wieder öffnen oder die Umwälzpumpe anstellen und den Wasserdruck kontrollieren.

> **ÜBRIGENS:**
> Heizkörper ca. 20 Minuten vor dem Entlüften aufdrehen und im Haus von unten nach oben vorgehen, da die Luft in Rohren und Heizkörpern immer nach oben steigt.

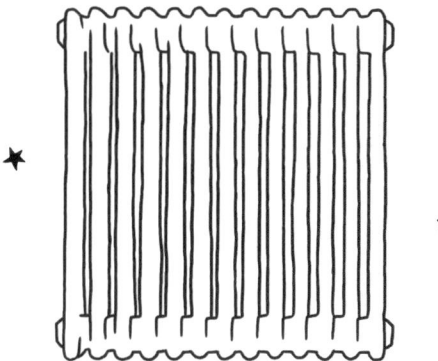

70. THERMOSTAT
DEIN KLEINER HELFER BEIM HEIZEN

Das Thermostatregelventil an deiner Heizung regelt die Menge an heißem Wasser in deinem Heizkörper in Abhängigkeit von der Raumtemperatur. Das heißt, dass dir dieser kleine Helfer ermöglicht, die Zimmer deiner Wohnung ohne großen Aufwand auf eine konstante Temperatur einzustellen. Wird es zu warm, schließt sich das Zulaufventil. Wird es zu kalt, öffnet das Ventil und lässt heißes Heizungswasser einströmen, bis die gewünschte Temperatur wieder erreicht ist.
Im Laufe der Zeit jedoch nutzen sich die Thermostate ab und arbeiten zunehmend ungenauer. Für eine möglichst präzise Steuerung und die Reduktion von Heizkosten sollten Thermostate deshalb etwa alle 15 Jahre erneuert werden. Das ist übrigens auch als Mieter*in erlaubt. Bei einem selbstständigen Austausch solltest du allerdings unbedingt die alten Thermostate aufbewahren und beim Auszug den ursprünglichen Zustand wiederherstellen.

71. KLEINVIEH MACHT AUCH MIST
BREAKING NEWS ZU DEINEN LADEGERÄTEN

Wusstest du schon, dass die Ladegeräte von Mobiltelefonen, Laptops, elektrischen Zahnbürsten und Co. auch dann Strom verbrauchen, selbst wenn du gerade gar kein Gerät aufläds? Schuld daran ist der sogenannte Transformator, der in vielen Netzteilen verbaut ist und immer dann läuft, wenn das Gerät an den Strom angeschlossen wird. Solange die Gesetzgeber und Produktentwickler diesen Leerlaufverbrauch nicht unterbinden, helfen nur Stecker raus, sobald die Akkus voll sind, und aktiv Strom sparen. Das senkt zudem auch die Brandgefahr durch Überwärmung.

72. ES WERDE LICHT
AUF DIE RICHTIGE BIRNE KOMMT ES AN

Dass du nur in den Räumen Licht anschalten solltest, in denen du dich auch aufhältst, ist wohl eine Selbstverständlichkeit beim Thema Stromsparen. Aber wusstest du, dass du mit modernen Leuchtmitteln im Vergleich zur klassischen Glühbirne bis zu 80 Prozent weniger an Strom verbrauchst? Du kannst also mit der richtigen Wahl bei jedem Griff zum Lichtschalter bares Geld sparen. Die ungeschlagenen Highlights der Zimmerdecke sind LEDs. Sie sind höchst energieeffizient, brennen vielfach doppelt so lang wie vergleichbare Energiesparlampen und haben laut Stiftung Warentest dabei zudem noch die beste Umwelt- und Klimabilanz.

WEITERE TIPPS:
• Nutze Licht bewusst und sparsam.
• Schalte das Licht immer aus, wenn du den Raum länger verlässt.
• Vermeide Leuchten mit fest verbauten Birnen, die sich nicht wechseln lassen.
• Tausche alte Lichterketten aus.
• Achte auf ein ordnungsgemäßes Recycling und bringe ausgebrannte Lampen zu
  entsprechenden Rückgabestellen.

73. AUS HEIßT AUS
ODER ETWA DOCH NICHT?

Wir bleiben beim Kleinvieh und beschäftigen uns mit einem weiteren technischen Missstand. Seit einigen Jahren sind Elektrogeräte nämlich oftmals nicht wirklich aus, wenn du vermeintlich den Ausschalter gedrückt hast. Um zeitaufwendiges Anfahren und Hochladen zu vermeiden und deinen Fernseher und Co. in Sekundenschnelle betriebsbereit zu halten, laufen sie im sogenannten Stand-by-Betrieb und verbrauchen dabei unbemerkt Strom. 24 Stunden am Tag und 7 Tage die Woche. Dabei sind Stereoanlagen und Fernseher oftmals die größten heimlichen Stromfresser. Laut einigen Studien und dem Umweltbundesamt kommen so EU-weit etwa 25 Milliarden Kilowattstunden jährlich zusammen. Eine unfassbare Zahl! Die einfachste Lösung sind hier abschaltbare Steckdosenleisten. Mit nur einem Handgriff auf den Kippschalter trennst du alle Geräte vom Strom. So ist aus auch wirklich aus!

74. ROUTER AUS
NACHTS LIEBER OFFLINE GEHEN

Der Stromverbrauch eines WLAN-Routers kann je nach Energieeffizienz des Geräts zwischen 5 und 20 Watt liegen. Bei einer Laufzeit von 24 Stunden am Tag und 365 Tagen im Jahr kommt da schnell einiges an Kosten zusammen, und das, obwohl du dein Internet wahrscheinlich nicht durchgängig nutzt, oder?

Deshalb schalte deinen Router aus, wenn du nicht zu Hause bist, und installiere für nachts eine Zeitschaltuhr, die die Energieversorgung unterbricht, während du schläfst. So kannst du mit ein paar Handgriffen schnell und unkompliziert Strom sparen und Elektrosmog und Strahlung in deiner Wohnung reduzieren.

> ÜBRIGENS:
> Oftmals laufen Festnetztelefone ebenfalls über den Router, und so schaltest du mit dem WLAN auch deine telefonische (Festnetz-) Erreichbarkeit aus.

75. HOMEOFFICE
SMART UND NACHHALTIG ARBEITEN

Egal, ob du deinen Computer für die Arbeit nutzt oder für deine Steuererklärung: Auch hier spart mehr Nachhaltigkeit bares Geld und unnötige Treibhausgasemissionen. Ein Laptop arbeitet deutlich energieeffizienter als ein Desktop-PC. Der Stromverbrauch lässt sich auch reduzieren, wenn du bei Meetings auf die Kamera verzichtest und die Bildschirmhelligkeit etwas herunterregelst.

Außerdem ist es umso besser fürs Klima, je weniger Daten du in sogenannten Clouds speicherst. Deshalb ist es eine gute Idee, regelmäßig alte Mails vom Server zu löschen, Daten auszumisten und lieber externe Festplatten zu nutzen als Clouddienste.

Du bist fertig mit der Arbeit? Dann schalte doch gleich alle Elektrogeräte auf einmal aus. Sogenannte Master-Slave-Steckdosen trennen automatisch Laptop, Drucker und Co. vom Strom, sobald du das vorher definierte Hauptgerät ausschaltest. Eine unkomplizierte und praktische Lösung zum schnellen Stromsparen.

76. NACHHALTIGER STREAMEN
STROM SPAREN FÜR COUCH-POTATOES

Eine ganze Woche auf die nächste Folge deiner Lieblingsserie warten? Pünktlich um 20.15 Uhr vor dem Fernseher sitzen, um den Anfang des Films nicht zu verpassen? Das gehört dank Mediatheken und Streamingdiensten für viele längst der Vergangenheit an.

Vergleicht man jedoch die Energiebilanz von linearem Fernsehen und Streaming, so schneidet bei der Nutzung eines klassischen Fernsehgeräts Kabel- und Satellitenfernsehen besser ab. Wer dennoch nicht auf das individualisierte Programm verzichten möchte, der sollte zum Streamen ein LAN-Kabel oder das WLAN nutzen statt das Mobilfunknetz und auf die höchste Auflösung verzichten. Denn: Je niedriger die Auflösung, desto niedriger auch der Energieverbrauch.

77. SPIELPLATZTECHNIK
GREEN GAMING

Und auch beim Thema Gaming kannst du mit ein paar Tipps und Tricks Strom sparen.

• Je höher die Auflösung, desto mehr Energie wird verbraucht. Oftmals lässt sich mit einer Veränderung der Bildschirmeinstellungen das bis zu 20-Fache an Energie einsparen. Überlege also gut, wie viel Pixel du zum Spielen wirklich brauchst.

• Cloudgaming und Streaming verbrauchen ungefähr dreimal so viel Energie wie Zocken auf der Festplatte. Wann immer möglich, also offline auf deinem Endgerät spielen oder dein Lieblingsspiel downloaden, statt es zu streamen.

• Wenn Streaming, dann klima- und energieschonender über WLAN oder LAN-Kabel.

• Der Stromverbrauch wächst übrigens proportional mit der Bildschirmdiagonale, das heißt je kleiner, desto kostengünstiger.

• Statt Pausenknopf oder Stand-by-Modus lieber speichern und komplett abschalten.

78. DIGITAL DETOX
WENIGER IST OFT MEHR

Fernsehen und gleichzeitig auf dem Smartphone surfen? Immer online und immer präsent sein? Technik ist allgegenwärtig, und wir nutzen sie mittlerweile in allen Lebensbereichen. Mit drastischen Konsequenzen. Wäre das Internet ein Staat, so würde es beim Stromverbrauch im internationalen Vergleich auf Platz sechs landen*. Jede Suchanfrage, jeder Instagram-Post, jedes gepostete Foto von deinem Essen und jede gestreamte Serienfolge verbraucht wertvolle Energie und verursacht schädliche Treibhausgase. Laut einer britischen Studie** gehen zwischen 2,1 und 3,9 Prozent der weltweiten Emissionen auf das Konto der IT- und Kommunikationstechnik. Tendenz steigend.

Eine Sensibilisierung für diese Problematik beginnt bereits bei banalen Fragen wie »Wie oft konsultiere ich Google und Co.?«, »Ist diese E-Mail wirklich notwendig?« und »Muss ich immer alles teilen?« Bewusste Mediennutzung, die Konzentration auf nur ein Gerät gleichzeitig und digitale Auszeiten sind gut für den Geldbeutel, wohltuend für den Geist und nehmen etwas Tempo aus dem Alltag.

*Van Heddegham et al. (2014): Trends in worldwide ICT electricity consumption from 2007 to 2012.
**Freitag et al. (2021): The real climate and transformative impact of ICT: A critique of estimates, trends, and regulations.

79. LIVING SMALL
VOM LEBEN AUF KLEINEM RAUM

Seit den 1970er-Jahren steigt die durchschnittliche Wohnfläche pro Kopf in Deutschland stetig an. Waren es 1990 noch knapp 35 Quadratmeter, so beanspruchte 2021 bereits jede*r Einwohner*in knapp 48 Quadratmeter für sich (Statistisches Bundesamt).

Doch wie viel Platz braucht man eigentlich? Die Antwort auf diese Frage muss sich wohl jeder und jede Einzelne selbst stellen, dennoch kann der Gedanke hilfreich sein, dass mit jedem zusätzlichen Quadratmeter auch deine Verantwortung wächst. Je mehr Wohnfläche du zur Verfügung hast, desto mehr Zeit ist fürs Putzen und die Instandhaltung vonnöten, und du musst auch mehr Energie und Geld ins Heizen der Räume investieren.

Das Leben auf kleinem Raum kann also durchaus ein guter Weg sein, nachhaltiger und ressourcenschonender zu leben und wertvolle Energie zu sparen.

ÜBRIGENS: Das Zusammenleben mit anderen lohnt sich. Während ein Einpersonenhaushalt durchschnittlich rund 12.000 Kilowattstunden verbraucht, sind es bei einem Zweipersonenhaushalt nur gut eineinhalbmal so viel Energie. Bei drei oder mehr Personen im Haushalt lag der Energieverbrauch etwa beim Doppelten eines Singlehaushalts (Statistisches Bundesamt 2019).

DIE WARMWASSER-
CHALLENGE

WARUM?

Für rund 14 Prozent deines Energieverbrauchs ist die Bereitstellung von Warmwasser verantwortlich, und Privathaushalte in Deutschland verursachen so knapp 27 Millionen Tonnen CO_2 pro Jahr (Statistisches Bundesamt 2019). Im Umkehrschluss bedeutet das, je weniger warmes Wasser du verbrauchst, desto besser für dein Budget und unser Klima.

VORBEREITUNG UND ABLAUF:

Notiere den Zählerstand an deinem Wasserzähler in Bad und Küche am Anfang einer Woche und wiederhole das Ganze nach 7 Tagen. Rechne die Differenz aus, um so deinen Warmwasserverbrauch pro Woche zu ermitteln.

Errechne deinen Warmwasserverbrauch pro Woche einmal im Normalmodus, vor der Challenge, und einmal im Actionmodus, während deiner Sparwoche.

AUFGABE:
Schaffst du es, 20 Prozent weniger Warmwasser
pro Woche zu verbrauchen?

INSPIRATION:

Ein Sparduschkopf, kalt duschen, mit kaltem Wasser Hände waschen oder das Wasser zum Geschirrspülen mit der Restwärme der Herdplatte erwärmen. All das können effektive Maßnahmen sein, deinen Warmwasserverbrauch deutlich zu senken.

Wie viel kannst du Warmwasser einsparen, ohne deine Komfortzone zu sehr verlassen zu müssen?
Welche Sparmaßnahmen kannst du dir vorstellen auf Dauer beizubehalten?

DEIN PERSÖNLICHES ERGEBNIS:

_____

_____

_____

_____

_____

_____

ÜBRIGENS: Wenn du keine Herzprobleme hast, dann ist Kaltduschen auch aus medizinischer Sicht empfehlenswert. Durch das kalte Wasser werden nämlich sogenannte hydrotherapeutische Kaltreize ausgelöst, die durchblutungsfördernd wirken und das vegetative Nervensystem positiv beeinflussen können. Beim Duschen am besten erst körperfern an Füßen, Beinen und der Hüfte beginnen und dann langsam zu Armen, Rumpf und Kopf kommen.

KONSUM
& Kleidung

Mit spannenden Alternativen zu dem immer Mehr der heutigen Zeit lebst du achtsamer, nachhaltiger und schaffst dir so finanzielle Freiräume – ein wirksamer und wohltuender Gegenentwurf zur vorherrschenden Konsumlust mit ihrer stetig steigenden Anzahl an Dingen. Denn für viele ist Shoppen zu einem Lifestyle-Statement, ja gar Hobby avanciert, bei dem gekauft wird, was gefällt, und nicht mehr zwingend, was benötigt wird. Das Problem dabei? Die Herstellung von immer mehr Dingen verschlingt auch immer mehr Ressourcen und fördert die Ausbeutung von Mensch und Natur. Höchste Zeit für eine Veränderung!

80. REPARIEREN
GELEBTE NACHHALTIGKEIT

Es ist fast ein Automatismus geworden: Wenn etwas kaputtgeht, wird es einfach weggeworfen und neu gekauft. Doch das war keineswegs immer so. Noch vor wenigen Jahrzehnten wurden Schuhe ganz selbstverständlich neu besohlt, und auch im Haushalt wurde fleißig gestopft, geklebt und repariert. Zum Glück erlebt die gute alte Reparatur nun seit einigen Jahren ein Revival, und jeder Landkreis, jede Kommune und jedes Stadtviertel wartet praktisch mit einer Reparaturinitiative auf. In Reparaturtreffs und Repair-Cafés kommen regelmäßig Menschen zusammen, die gemeinsam Kaputtes wiederbeleben möchten. Es wird gefachsimpelt und mit viel handwerklichem Geschick ein großartiger Beitrag zur Nachhaltigkeit geleistet, denn je länger die Nutzungsdauer eines Gebrauchsgegenstands, desto besser ist seine Ökobilanz. Alles, was du brauchst, sind ein bisschen Zeit und etwas Geld für etwaige Ersatzteile, und schon kann der Kampf gegen die Wegwerfgesellschaft beginnen.

DIE REPARATURINITIATIVE IN DEINER NÄHE:

www.reparatur-initiativen.de

www.repaircafe.org/de

REPARATURANLEITUNGEN, ERSATZTEILE UND SERVICEWERKSTÄTTEN:

www.de.ifixit.com

www.kaputt.de

ÜBRIGENS: Für knapp ein Drittel und mehr der Konsument*innen spielt die Reparaturmöglichkeit beim Kauf eine entscheidende Rolle. Jedoch wird je nach Produktgruppe nur maximal 20 Prozent kaputter Waren tatsächlich repariert. 40 Prozent und mehr entschieden sich aufgrund hoher Kosten gegen eine Reparatur (Umfrage des Industrieverbands ZVEI 2021).

81. SASHIKO
KLEIDUNG SICHTBAR REPARIEREN

Hast du schon mal von *Visible Mending* gehört? Wörtlich übersetzt, bedeutet das so viel wie Kleidung sichtbar flicken oder ausbessern. Gemeint ist damit nichts weniger als eine neue Wertschätzung von Textilien, mehr Nachhaltigkeit im Kleiderschrank und ein großer Schritt hin zu weniger Konsum. Denn ist etwas kaputt, so wird es nicht weggeworfen, sondern kunstvoll repariert, gestopft und geflickt. Eine wunderbare Möglichkeit ist *Sashiko*, eine Sticktechnik aus Japan. Hier verschwinden unschöne Löcher, Risse oder durchgescheuerte Stellen einfach unter bunten Flicken und aufgestickten Strichen und Kreuzchen. Das Ergebnis ist ein modisches Unikat und Nachhaltigkeit pur.

MATERIAL:

Stoffrest als Flicken

Stoffschere

Kaputtes Kleidungsstück

Stecknadeln

Nadel und Faden

Stickgarn und passende (Stick-)Nadel

SO GEHT'S:

1 Flicken auf die benötigte Größe zuschneiden, mit Stecknadeln feststecken und dann per Hand oder mit der Maschine festnähen.

2 Nun wird der Flicken mit Stickgarn festgesteppt. Keine Sorge, du musst kein Profi sein, um ein tolles Ergebnis zu bekommen. Im Gegenteil: Sashiko lebt vom Experimentieren und Ausprobieren verschiedener Stiche, Muster, Garnfarben und Stoffreste. Heraus kommt auf jeden Fall ein tolles Unikat.

82. LÖCHER STOPFEN
EINFACHE TECHNIK FÜR SOCKEN & CO.

Du hast einen Riss in deiner Lieblingshose oder ein Loch in deinem Lieblingspulli und möchtest nicht mit einem Flicken arbeiten? Kein Problem. Beim Stopfen mit Garn kannst du Löcher und kleine Risse im Nu reparieren und hast noch lange Freude an deinem Lieblingsteil.

Diese Technik funktioniert übrigens nicht nur bei Kleidung aus Wolle, sondern auch bei Jersey und anderen feinen Geweben.

MATERIAL:

Schere

*Stopfgarn, entweder unauf-
fällig oder in Kontrastfarbe*

*passende Nadel zur
jeweiligen Garnstärke*

*Stopfhilfe wie Stopfpilz
oder Stopfei*

SO GEHT'S:

1 Als Erstes wird der Rand der kaputten Stelle gesichert, damit sich das Textilgewebe nicht weiter auflöst. Schneide alle losen Fäden vorsichtig ab und fasse dann den Rand rundherum mit ein paar Sicherungsstichen ein.

2 Jetzt kann es mit dem Stopfen losgehen. Du musst zunächst mehrere Fadenreihen in waagerechter Richtung und quer über das Loch ziehen. Nutze dabei die Sicherungsstiche als Anker. Am Ende sollte eine Art Webrahmen mit dicht gespannten Querfäden entstehen, in die nun die Längsfäden eingewebt werden.

3 Beginne mit dem Weben und arbeite sauber von einer Seite zur anderen. Die Längsfäden werden jeweils abwechselnd über und unter die waagerechten Querfäden gezogen, bis ein dichtes Garngewebe entsteht. Du bist fertig? Dann nur noch den Anfangs- und Endfaden vernähen, damit nichts mehr aufgeht.

83. NEUE WEGE GEHEN
IMPROVISIEREN UND SELBST MACHEN

Das zu nutzen, was schon da ist, kann dir so manchen Neukauf ersparen. Dabei lohnt es sich durchaus, eine neue Perspektive einzunehmen und auch mal um die Ecke zu denken. So wird beispielsweise aus einem abgegriffenen Küchenbrett schnell eine stylische Vintagepinnwand, Omas Goldrandteller verwandeln sich in hübsche Bilderrahmen, und die Auflaufform wird in der Adventszeit als Dekoschale zweckentfremdet. Vom Upcycling von Müll und aussortierten Dingen bis hin zur vielseitigen und kreativen Verwendung von Alltagsgegenständen: Improvisation spart Geld, schont Ressourcen und Energie und zaubert Individualität in deine vier Wände.

Du willst noch weiter gehen, die Dinge selbst in die Hand nehmen und neue Techniken lernen, statt einfach nur zu kaufen? Dann nutze doch das preisgünstige Angebot von offenen Werkstätten und Volkshochschulen. Hier gibt es Inspiration, Platz zum Arbeiten und jede Menge Know-how zum Selbermachen.

SPANNENDE WEBSEITEN:
www.offene-werkstaetten.org
www.volkshochschule.de

84. AUS ALT MACH NEU
PRAKTISCHE DIY-UPCYCLING-IDEEN

Gebrauchte Dinge und alte Kleidung sind ein wunderbares Aus-Alt-mach-Neu-Material, aus dem nahezu alles entstehen kann. Und Wiederverwenden statt achtloses Wegwerfen macht gleich drei-fach Sinn. Es schont deine Finanzen, reduziert Müll und spart Ressourcen und wertvolle Energie. Also ran an Scheren, Pinsel und Nähmaschinen, und los geht's mit Kreativität und viel Spaß am Selbermachen …

Mit etwas Talent oder Hilfe kannst du aus getragenen Teilen, die nicht mehr schön sind oder nicht mehr passen, ein einzigartiges Unikat zaubern.

INSPIRATION FÜR DEIN NÄCHSTES UPCYCLING-PROJEKT:

• Haargummis aus kaputten Strumpfhosen oder einem Sockenschaft – einfach ca. zwei Zentimeter breite Ringe schneiden und einrollen.

• Stulpen aus Strumpfhosen oder Sockenschäften – einfach das Bein oder den Schaft auf die ge-wünschte Länge schneiden und bei Bedarf mit Nadel und Faden einfassen.

• Hitzeschutz für Trinkbecher aus alten Socken oder zum Beispiel einem alten Schal – einfach das Bein oder den Schal auf die gewünschte Länge schneiden und mit Nadel und Faden einfassen.

• Flicken aus alten Jeans oder festen (Baumwoll-)Stoffen – Schablone aus Pappe anfertigen und dann runde oder ovale Flicken aus deinen Altkleidern schneiden.

• Seifensäckchen aus alten Geschirrtüchern und dünnen Stoffresten – Seifenreste in die Mitte des Stoffs (25 x 25 cm) legen, ein Säckchen formen und mit einem Gummi oder einer Schnur zubinden. Wenn du nähen kannst, dann kannst du natürlich auch ein Säckchen aus dem Stoff nähen.

• Stofftaschentücher und Stoffservietten aus alter Bettwäsche oder Tischdecken – schneide ein Quadrat mit gewünschter Größe aus und fasse die Kanten mit der Nähmaschine ein.

• Geschenktütchen aus Tetrapaks – Tetrapak auswaschen, oben aufschneiden und die bedruckte Werbeschicht vorsichtig abziehen. Die Öffnung mit einer Wäscheklammer verschließen und nach Belieben den Tetrapak hübsch bekleben.

85. DIY-TEXTILGARN
VOM T-SHIRT ZUM BASTELMATERIAL

Aus T-Shirt- oder Textilgarn kann man tolle Accessoires machen. Ganz einfach und unkompliziert entstehen so selbst gemachte Upcycling-Handyketten, Blumenampeln, Haarbänder, Schmuck, Teppiche, Taschen und noch vieles mehr.

MATERIAL:

Altkleider aus weichem Baumwolljersey, z. B. T-Shirt

Stoffschere

SO GEHT'S:

1 Lege das T-Shirt auf eine glatte Oberfläche und trenne zunächst den unteren Saum und den oberen Teil mit den Ärmeln entlang einer geraden Linie ab. So erhältst du einen geschlossenen Stoffschlauch.

2 Drehe den Stoffschlauch um 90 Grad, bis die Öffnungen rechts und links zum Liegen kommen. Dann wird der Stoffschlauch in Streifen geschnitten. Aber Vorsicht! An der oberen Naht bleibt ein ca. zwei Zentmeter breiter Rest erhalten, um schließlich aus den Stoffstreifen ein durchgehendes Garn zu erhalten.

3 Jetzt wird es spannend, denn der verbliebene Stoffsteg wird nicht in gerader Linie zerschnitten, sondern schräg. Dadurch entsteht statt vieler einzelner Stoffringe ein langes Garn. Sobald du das gesamte T-Shirt zerschnitten hast, ziehe dein Garn leicht in die Länge. Dadurch rollen sich die Stoffränder ein und du kannst ein hübsches Knäuel aufrollen.

ÜBRIGENS: Jedes Jahr kauft der/die Durchschnittseuropäer*in pro Kopf knapp 26 Kilogramm an Textilen und entsorgt ganze 11 Kilogramm. Und weltweit wird weniger als ein Prozent der weggeworfenen Kleidung recycelt (EPRS).

86. SHARING IS CARING
LEIHEN UND TEILEN

Eine tolle Alternative zum klassischen Konsum ist das Leihen und Teilen von Dingen. Dabei werden Gebrauchsgegenstände wie Werkzeug, Bücher, Autos, Spiele, Kleidung oder sogar Wohnraum gemeinschaftlich genutzt. Dieses »Eines für viele« schont nicht nur deinen Geldbeutel. Es schafft zudem Platz, reduziert den Ressourcenverbrauch und die Umweltbelastungen, und es stärkt die Gemeinschaft. Ein wunderbares Beispiel für dieses Konzept sind öffentliche Büchereien. Und das nicht nur in großen Städten. Es gibt Vorträge und Lesungen, Bücher, Filme, Hörspiele, Gesellschaftsspiele, digitale Spiele für PC und Konsolen bis hin zum Strommessgerät (Tipp 55). Hier bekommst du mit deiner Mitgliedschaft soziale Teilhabe und einen kostenlosen Zugang zu Wissen, Kunst und Kultur.

Aber auch private Leihgemeinschaften unter Nachbar*innen und Freund*innen und kommerzielle Mietangebote sind eine wunderbare Möglichkeit zum Sparen und Nachhaltiger-Leben. Die Devise lautet: leihen, nutzen und zurückbringen statt kaufen und in den Schrank legen.

APPS UND WEBSEITEN ZUM VERNETZEN:

www.nebenan.de
www.nextdoor.de
www.nachbarschaft.net

87. TAUSCHEN

VOM URALTEN HANDELSMODELL ZUM TREND

Auch beim Tausch wird das genutzt, was schon da ist, und du kannst je nach Plattform und System entweder Ware gegen Ware oder Ware gegen eine nichtmonetäre Tauschwährung eintauschen. Das Spannende daran? In den allermeisten Fällen wird Geld in diesem uralten Handelsmodell nicht benötigt. Und du wirst Ungeliebtes und Ungenutztes los und bekommst dafür etwas, das du gut gebrauchen kannst.

Die Tauschware muss nicht unbedingt immer ein Gegenstand sein, manchmal wird auch Wohnraum auf Zeit, Hilfe, Wissen oder eine handwerkliche Fähigkeit als Einsatz genutzt. So kannst du etwa Gitarrenstunden gegen Unterstützung bei der Gartenarbeit tauschen.

Lokale Initiativen mit Vor-Ort-Treffen findest du auf *www.tauschringadressen.de*.

WEITERE APPS UND WEBSEITEN:

www.tausch-buecher.de (nur Bücher)

www.tauschgnom.de

www.tauschbillet.de

www.tauschbu.de

www.tauschticket.de (Tauschgebühr 0,49 bis 1,99 Euro pro Artikel)

www.homelink.de (Jahresgebühr149 Euro) (Häuser und Wohnungen)

www.homeexchange.com/de (Jahresgebühr 149 Euro) (Häuser und Wohnungen)

88. KLEIDERTAUSCHPARTY
SHOPPEN, PLAUDERN UND KAFFEE TRINKEN

Eine private Kleidertauschparty mit Freund*innen ist ein großartiger Einstieg in die Welt von Vintage und Secondhand. In entspannter und vertrauensvoller Atmosphäre kannst du Abwechslung in deinen Style und Kleiderschrank bringen, du wirst ehrlich beraten, und dazu gibt es Kaffee und Kuchen. Was will man eigentlich mehr? Am Ende profitieren alle. Dein Portemonnaie atmet auf, du freust dich über weniger Schrankleichen und neue Lieblingsteile, und die Umwelt wird weniger belastet durch Altkleider, Textilmüll und den Verbrauch an Rohstoffen, Wasser und Energie.

SO GEHT'S:

Lade ein paar Freund*innen zu dir ein. Die Anzahl ist dabei abhängig vom Platz bei dir zu Hause. Jede*r darf eine feste Anzahl an aussortierten Kleidungsstücken mitbringen. Wenn du willst, kannst du das Angebot auch auf Accessoires und Schuhe ausdehnen. Für den Start sind fünf bis zehn Teile ein guter Richtwert.

Sobald alle da sind, könnt ihr die Sachen gemeinsam sortieren und auf Kleiderständer hängen, sofern welche vorhanden sind. Und dann kann es auch schon losgehen. Bei Kaffee und Kuchen, Snacks und guter Musik macht das Tauschen, Leihen und Verschenken übrigens gleich noch mal so viel Spaß.

> EXTRASPARTIPP: Mittlerweile werden fast überall in Deutschland Kleidertauschpartys organisiert. Um das nächste Event in deiner Nähe zu finden, starte doch einfach eine Internetsuche mit »Kleidertauschparty« und dem Namen deines Wohnorts, oder suche unter www.kleidertausch.de.

89. WENIGER IST MEHR
BEWUSST KAUFEN

Eigentlich könnte es so leicht sein, oder? Kaufen, wenn man etwas braucht, und nicht kaufen, wenn man nichts braucht. Oft jedoch steckt hinter dem vermeintlich notwendigen Einkauf mehr. Vielleicht belohnst du dich, klopfst dir selbst auf die Schulter oder tröstest dich über einen schlimmen Tag hinweg? Vielleicht kaufst du aus Langeweile, um dich zu beschäftigen? Egal, was dein persönlicher Konsumantrieb ist, es lohnt sich herauszufinden, welche Motivation dich antreibt. Das Ergebnis sind weniger Impulskäufe und mehr bewusster Konsum.
Wer weniger Unnötiges kauft, hat mehr Geld für Qualität und die Unterstützung von fairen und ökologischen Produktionsbedingungen.

SO GEHT'S:
• Innehalten vor dem Kauf (das berühmte Drüberschlafen)
• Ein kritischer Blick in den Schrank
• Information über Herstellungsbedingungen und Sozialstandards (*www.siegelklarheit.de*, empfehlenswerte Dokumentationen: *The True Cost, Plastic Planet, A Plastic Ocean*)

> ÜBRIGENS: Der/die Durchschnittsdeutsche kauft 60 Kleidungsstücke pro Jahr, und von 2000 bis 2015 hat sich der weltweite Kleidungskonsum verdoppelt (Umweltbundesamt).

90. CAPSULE WARDROBE
MINIMALISMUS IM KLEIDERSCHRANK

Der Inbegriff von »Weniger ist mehr« im Kleiderschrank. Eine sogenannte Capsule Wardrobe ist eine saisonale Garderobe, die aus einer stark reduzierten Anzahl von aufeinander abgestimmten Kleidungsstücken besteht. In der Regel sind das nicht mehr als insgesamt 30 bis 40 Ober- und Unterteile, Kleider, Jacken, Mäntel, Schuhe und Accessoires. Das hört sich erst mal nach wenig an, aber dank des wohldurchdachten Gesamtkonzepts lassen sich Shirts, Hosen, Hemden und Co. nahezu unendlich miteinander kombinieren. Das Ergebnis sind geringere Ausgaben für Kleidung, mehr Ordnung und Übersicht im Kleiderschrank, immer das richtige Outfit und eine Vielzahl von wunderbar zeitlosen Looks für jedes Geschlecht.

SO GEHT'S:

1 Finde deinen persönlichen Stil und dein Farbschema. Letzteres besteht aus einer Grund- oder Basisfarbe (Schwarz oder Dunkelblau), neutralen Farben wie Weiß, Beige oder Grau und dazu passenden Akzentfarben. Insgesamt sollte deine Farbauswahl aber nicht mehr als maximal fünf Farben umfassen.

2 Durchstöbere deinen Kleiderschrank und sortiere nach deinem persönlichen Stil und Farbschema aus.

3 Teste Kombinationen und Looks für jede Jahreszeit und verschiedene Anlässe. Fehlt dir noch etwas? Kannst du improvisieren oder vielleicht ein schon vorhandenes Kleidungsstück verändern? Umfärben, um- nähen oder in einer Schneiderei ändern lassen, es gibt viele tolle Möglichkeiten, Vorhandenes neu zu erfinden.

EXTRASPARTIPP: Bei Plattfor- men wie Unown, Dresscoded oder CLOTHESfriends kannst du hochwertige Kleidung oder ein ausgefallenes Trendteil auch mieten, statt zu kau- fen. Und Fairnica bietet dir sogar bereits aufeinander ab- gestimmte Kapseln auf Zeit.

4 Ergänze deine Capsule Wardrobe bei Bedarf durch neue (gebrauchte) Kleidungsstücke und kaufe ganz bewusst ein. Dabei gehen Qualität, zeit- lose Schnitte, Fairness und Nachhaltigkeit eindeutig vor Quantität und kurzlebigen Trends.

91. KEINE WERBUNG BITTE
SETZ DER VERSUCHUNG EIN ENDE

Werbung soll Bedürfnisse wecken und dich in Versuchung führen. Auch dann, wenn du eigentlich gerade gar nichts brauchst. Das gilt für klassische Printwerbung und Sonderangebote ebenso wie für Produktplatzierungen und Rabattaktionen in den sozialen Medien oder Werbenewsletter per Mail. Sei dir dessen bewusst und versuche, der Konsumversuchung, wann immer möglich, aus dem Weg zu gehen. Ohne Ablenkung und lockende Gelegenheiten ist es nämlich deutlich einfacher, sich auf das zu konzentrieren, was man wirklich benötigt.

SO GEHT'S:
- Bitte-keine-Werbung-Aufkleber an den Briefkasten
- Werbenewsletter per Mail abbestellen
- Social-Media-Accounts mit vielen Werbepostings entfolgen oder stumm schalten
- Zeitschriften mit den neuesten Trends von Mode oder Interieur lieber liegen lassen
- Shoppen streng nach Einkaufsliste

ÜBRIGENS:
In deutschen Briefkästen landen pro Jahr 28 Milliarden Werbeprospekte. Pro Jahr verbraucht deren Herstellung 42 Milliarden Liter Wasser, 4,3 Milliarden kWh Energie, und es müssen 1,1 Millionen Bäume gefällt werden (Deutsche Umwelthilfe eV. 2020).

92. SECONDHAND
BESSER GEBRAUCHT STATT NEU

In der Regel entstehen die meisten Umweltbelastungen sowie der größte Anteil an Treibhausgasemissionen und Energieverbrauch bei der Herstellung von Produkten. Das heißt im Umkehrschluss, dass das nachhaltigste Produkt immer das ist, das nicht neu produziert werden muss. Brauchst du also wirklich etwas Neues, so macht es Sinn, zunächst zu versuchen, es aus zweiter Hand zu bekommen. Und diese Option ist sowohl ökologisch sinnvoll als auch finanziell. Gebrauchte Dinge können eine wunderbare und kostengünstige Alternative zum Neukauf sein und eine, die sich einfach und unkompliziert umsetzen lässt.

TIPPS FÜR DEINEN SECONDHANDKAUF:

Recherchiere im Vorfeld die Preise. Prüfe die Ware entweder direkt vor Ort oder anhand von Bildern und Verkäuferbewertungen.

Achte auf die Materialien und bevorzuge bei Textilien Naturmaterial.

Nutze Käuferschutzoptionen im Netz.

Für den Gebrauchtkauf eignet sich alles, was unkompliziert zu reinigen ist:

• Kleidung und Geschirr ab in Waschmaschine oder Geschirrspüler.

• Spielsachen, Accessoires oder Möbel mit Allzweckreiniger (Tipp 34) feucht abwischen.

• Schmuck und Modeschmuck in eine Schale mit warmem Seifenwasser legen, einwirken lassen und abspülen.

• Leder mit einer Mischung aus destilliertem Wasser und wenig milder Seife reinigen.

• Gerüche mit einer Mischung von 1:3 aus hellem Tafelessig und Wasser entfernen (Textilien in das Essigwasser legen, einwirken lassen und dann in der Waschmaschine waschen) oder über Nacht ins Gefrierfach legen.

Prüfe die Ware entweder direkt vor Ort oder anhand von Bildern und Verkäuferbewertungen.

Achte auf die Materialien und bevorzuge bei Textilien Naturmaterial. Nutze Käuferschutzoptionen im Netz.

EXTRASPARTIPP: Wertstoffhöfe, Abfallwirtschaftsämter und Sozialverbände wie die Caritas oder die Diakonie betreiben an vielen Orten Gebrauchtwarenhäuser oder Secondhandläden und verkaufen oftmals für den guten Zweck.

93. SO GUT WIE NEU
ELEKTROGERÄTE NACHHALTIGER KAUFEN

Hast du schon mal den Begriff »Refurbished« gehört? Frei übersetzt, bedeutet das »aufpoliert« und kann dir bares Geld sparen. Refurbished-Geräte sind in der Regel Elektrogeräte, die als Versandrückläufer, als Vorführgerät oder nach dem Ablauf von Produktleasingverträgen ihren Weg zurück zum Händler finden und wieder weiterverkauft werden. Ein entscheidender Unterschied zu normaler Gebrauchtware ist jedoch, dass diese Smartphones, Tablets und Co. von Spezialisten technisch überprüft und instand gesetzt werden. Du bekommst also zum einen ein generalüberholtes Produkt zum kleinen Preis, und zum anderen wird dadurch die Nutzungsdauer verlängert und die Menge an Elektroschrott reduziert.

Refurbished-Produkte haben beim Kauf über einen Händler eine zwölfmonatige Gewährleistung und ein gesetzlich garantiertes Widerrufsrecht von 14 Tagen beim Onlinekauf.

SPANNENDE
WEBSEITEN:

www.refurbed.de
www.afbshop.de
www.asgoodasnew.de

ÜBRIGENS: In Deutschland werden pro Kopf und Jahr im Durchschnitt 10,3 Kilo ausgediente Elektro- und Elektronikgeräte weggeworfen. Dieser Elektroschrott summiert sich EU-weit jährlich zu rund 4 Millionen Tonnen (Statistisches Bundesamt 2018).

94. GEWUSST, WO
GEBRAUCHTES GUT VERKAUFEN

Natürlich kannst du mit dem Kauf von Gebrauchtem nicht nur Geld sparen. Mit dem, was du nicht mehr brauchst, lässt sich auch die Haushaltskasse aufbessern, und das geht heutzutage nicht nur auf Flohmärkten, Basaren und in Secondhandläden. Egal, ob Kleidung, Spielzeug, Möbel, Haushaltsgegenstände oder Baumaterial. Fast für alles findet sich früher oder später ein dankbarer Abnehmer.

DIE BESTEN WEBSEITEN UND APPS ZUM VERKAUFEN (UND KAUFEN):

www.ebay-kleinanzeigen.de
www.maedchenflohmarkt.de
www.vinted.de
www.rebuy.de
www.momox.de
www.fairmondo.de
www.shpock.com

EXTRASPARTIPP: Es lohnt sich, schon beim Kauf in Marken und hochwertige Qualität zu investieren, denn die wird immer gesucht und lässt sich gut wiederverkaufen. Die verbleibenden Kosten sind so am Ende oft günstiger, als wenn du ein Billigprodukt gekauft hättest.

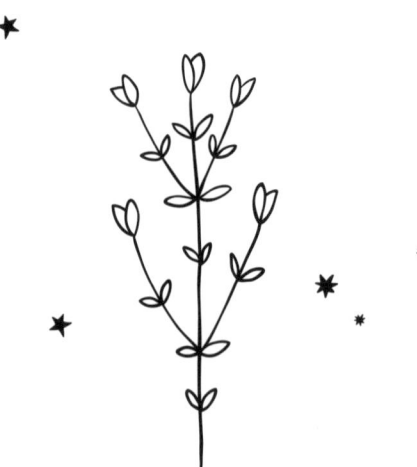

95. GELD SPAREN MIT KIND
VOM BABY BIS ZUM TEENAGER

Der Markt für Kinderprodukte boomt, doch nicht alles, was es zu kaufen gibt, ergibt auch Sinn.

DIE BESTEN TIPPS FÜR KINDERZIMMER UND SCHULE:

• Zu viel Spielzeug überfordert, deshalb je jünger das Kind, desto weniger.

• Lass Langeweile zu, denn sie fördert beim Kind die Kreativität.

• Bastelmaterial selbst machen oder Verpackungen und Co. zu kleinen Kunstwerken upcyceln.

• Koordiniere hochwertige Sammelgeschenke statt vieler kleiner Dinge.

• Kaufe nicht auf Vorrat oder Verdacht, sondern erst dann, wenn du etwas tatsächlich brauchst.

• Leihe dir Kleidung, Spielsachen oder Gebrauchsgegenstände im Freundes- und Bekanntenkreis oder bei spezialisierten Plattformen wie *www.raeubersachen.de*.

• Kaufe gebraucht (bei Schuhen einfach neue Innensohle einlegen, so kann dein Kind sich sein eigenes Fußbett laufen).

• Nimm dein Kind mit in coole Secondhandläden und spielt mit Styles und Mode.

• Teure Schulranzen sind preisgünstig gebraucht zu bekommen und oft noch top in Schuss.

• Kaufe Marken und hochwertige Qualität, denn die lässt sich auch deutlich besser wiederverkaufen.

• Kaufe Kindermöbel, Kleidung, Schulranzen und Co. zeitlos und schlicht, und peppe sie mit auswechselbaren Accessoires auf. Trends und der Geschmack von Kindern ändern sich schnell.

• Kaufe Kleidung, Möbel und Spielsachen, die mitwachsen, wie zum Beispiel Hosen mit langen Bündchen, größenverstellbare Rollschuhe oder einen Schreibtisch mit Höhenanpassung.

> ÜBRIGENS:
> Sicherheitsrelevante Dinge wie Fahrradhelme oder Kindersitze für Auto und Fahrrad solltest du nur dann gebraucht nutzen, wenn du den/die Verkäufer*in gut kennst und zu ihm/ihr Vertrauen hast.

96. ZEIT STATT ZEUG

ANDERS SCHENKEN

Die Suche nach der perfekten Geschenkidee für Weihnachten oder zum Geburtstag ist oftmals gar nicht so einfach. Dabei kann das Brechen von gesellschaftlichen Tabus und Schranken im Kopf helfen, auch hier neue Wege zu gehen. Mit ein bisschen Inspiration kannst du nachhaltiger schenken und selbst mit kleinem Portemonnaie das Richtige für deinen Herzensmenschen finden.

SCHENKE ZEIT

Egal, ob Hilfe bei der Gartenarbeit, ein selbst gekochtes Menü oder ein gemeinsamer Theaterbesuch: Zeitgeschenke bedeuten gemeinsame Erlebnisse und Erinnerungen. Wunderbar ist auch verschenktes Wissen wie etwa eine Gitarrenstunde, eine individuelle Stadtführung, eine Yogasession oder ein Crashkurs im Häkeln oder Stricken.

SCHENKE SELBSTGEMACHTES

Sich Zeit nehmen und mit Liebe etwas für jemanden selbst machen ist eigentlich immer eine gute Idee. Von selbst gebackenen Plätzchen über Badekugeln, Lippenbalsam bis hin zum aufwendigen Puppenhaus aus (Rest-)Holz. Möglich ist alles, und dank Upcycling lässt sich selbst mit kleinem Budget Großes zaubern.

SCHENKE GEBRAUCHTES

Brich mit dem Tabu, dass ein Geschenk immer neu sein muss. Secondhandgeschenke sind aktiver Klimaschutz und gelebte Nachhaltigkeit, und vor allem stehen sie Neuem meist in nichts nach. Gesäubert und hübsch verpackt, wird der Unterschied so manchem nicht einmal auffallen.

EXTRASPARTIPP: Apropos hübsch verpacken. Einmachgläser, leere Tetrapaks, bemaltes Zeitungspapier oder Stoff ersetzen Geschenkpapier quasi zum Nulltarif und lassen den Müllberg etwas schrumpfen.

97. MOBIL SEIN MIT WENIG GELD
DEINE PERSÖNLICHE MOBILITÄTSWENDE

Im Schnitt geben Haushalte in Deutschland 233 Euro pro Monat für den Unterhalt und die Nutzung ihres Autos und anderer Kraftfahrzeuge aus (Statistisches Bundesamt 2018). Es ist davon auszugehen, dass diese Kosten aufgrund stetig steigender Preise noch weiter zunehmen werden. Wie wäre es denn, da Schritt für Schritt mehr nachhaltige Alternativen zum motorisierten Individualverkehr zu nutzen? Ein Blick auf die Statistik zeigt, dass die Hälfte aller Autofahrten Distanzen abdecken, die du wunderbar einfach mit dem Fahrrad oder sogar zu Fuß abdecken könntest, und das wäre gut fürs Klima und gut für den Geldbeutel.

UNTERWEGS AUS EIGENER KRAFT
Die eigenen Füße und das Fahrrad sind wohl die kostengünstigste Art und Weise, unterwegs zu sein, und gleichzeitig hältst du dich fit. In vielen Städten und Gemeinden kannst du beim Neukauf von E-Bikes oder Lastenrädern eine finanzielle Förderung beantragen, und es gibt sogar kostenlose Lastenräder zum Ausleihen.

MOBILITÄT TEILEN
Verkehrsmittel gemeinsam zu nutzen ist nicht nur aus Spargründen sinnvoll. Der öffentliche Nahverkehr, Bikesharing oder auch Carsharing können gerade im städtischen Bereich einen eigenen Pkw unnötig machen. Und auch im eher ländlichen Raum sind Fahrgemeinschaften mit der Familie, mit Freund*innen und Nachbar*innen eine Möglichkeit, preisgünstiger und nachhaltiger unterwegs zu sein.

> ÜBRIGENS: 17,5 Prozent aller Fahrten mit dem motorisierten Individualverkehr gingen zum Einkaufen und 38,3 Prozent in den Urlaub oder in die Freizeit (Bundesministerium für Digitales und Verkehr 2019).

DIE EINFACH-MAL-NICHTS-KAUFEN-CHALLENGE

WARUM?

Ein geringerer Konsum ist nichts weniger als aktiver Klimaschutz, denn 34 Prozent der Treibhausgasemissionen, die du Jahr für Jahr verursachst, entstehen durch den »Sonstigen Konsum« (Umweltbundesamt 2020).

Wie das zustande kommt? Na, da wären zuerst einmal die Rohstoffe und alles, was nötig ist, um am Ende überhaupt ein Rohmaterial wie Stoff, Leder oder Plastik in Händen zu halten. Darauf folgt die Produktion mit weiteren Rohstoffen und der Energie, die während des Herstellungsprozesses aufgewendet werden muss. Und schließlich muss das fertige Produkt noch zu dir transportiert werden. Nichts ist umsonst, und alles hinterlässt Spuren. Leider dauerhaft ... Deshalb ist es auch unerlässlich, wieder bewusster mit dem Kauf von Dingen umzugehen, und eine Konsumauszeit kann ein effektives Instrument sein zu spüren, was du wirklich brauchst.

VORBEREITUNG UND ABLAUF:

Als Vorbereitung kann alles nützlich sein, das dir dabei hilft, Konsumversuchungen gar nicht erst zu begegnen. Deshalb am besten Newsletter abbestellen und jegliche Werbung so weit wie möglich verbannen.

AUFGABE:

Schaffst du es, einen ganzen Monat nichts zu kaufen (mit Ausnahme von Lebensmitteln und Hygieneprodukten)?

INSPIRATION:

Bei dieser Challenge geht es darum, neue Wege auszuprobieren. Deshalb ist auch nicht jede Art von Konsum tabu, sondern lediglich der klassische Neukauf. Reparieren, selbst machen, leihen und tauschen bleiben erlaubt und sind sogar ausdrücklich erwünscht.

Vermisst Du etwas?

Hast du neue Fertigkeiten dazugewonnen oder neue Menschen kennengelernt?

In welchen Situationen war die Versuchung besonders groß?

Hast du dir vielleicht eine Art Ersatzbefriedigung fürs Kaufen gesucht?

Wie hast du dich in der ersten Woche gefühlt und wie nach der letzten? Gab es einen Unterschied?

Würdest du das Experiment noch mal wiederholen?

DEIN PERSÖNLICHES ERGEBNIS:

_____

_____

_____

_____

_____

_____

_____

KOSMETIK & Körperpflege

Auch bei Körperhygiene und Schönheitspflege lässt sich wunderbar einfach Geld sparen und nachhaltig leben. Von A wie achtsam und aufgeklärt einkaufen bis Z wie Zero Waste durch Selbermachen. Pflegeprodukte und Hygieneartikel müssen nicht teuer sein, um ihren Zweck zu erfüllen, und wer braucht schon Berge an Verpackungsplastik, Wegwerfprodukten, schädlichen Inhaltsstoffen oder Mikroplastik? Mit gesunder Neugier und viel Spaß am Verändern wirst du Schritt für Schritt Müll reduzieren, deinen Alltag bewusster gestalten und dabei zudem noch die Haushaltskasse schonen.

98. BESTANDSAUFNAHME BAD
WAS BRAUCHST DU WIRKLICH?

Die Auswahl in den Drogerien ist riesengroß, und beim Einkauf hast du die Qual der Wahl zwischen einer Vielzahl an Kosmetik-, Pflege- und Hygieneprodukten für jedes nur erdenkliche Einsatzgebiet. Kein Wunder also, dass bei vielen gerade das Badezimmer aus allen Nähten platzt. Ein teures Hobby. Und tatsächlich sind all die Cremes, Tuben und Tiegelchen nicht nur eine Belastung für dein Budget, sondern zudem noch für Umwelt und Gesundheit.
Zeit für etwas mehr Minimalismus im Bad und die ehrliche Frage: »Was brauche ich eigentlich wirklich?« Eine schnelle Hilfestellung bei der Beantwortung dieser Frage und jede Menge Inspiration zum Sparen liefert dir meist dein Urlaubsgepäck, denn im Kosmetikbeutel landen nur deine Must-haves und absoluten Lieblingsprodukte.

99. QUALITÄT STATT QUANTITÄT
BEWUSST AUSWÄHLEN

Beim bewussten Kauf von nachhaltigen Kosmetik- und Pflegeprodukten sind vor allem drei Dinge entscheidend: Sie sollen ihren Zweck erfüllen und möglichst unschädlich für Körper und Umwelt sein. Doch bei all den chemischen Fachbegriffen auf der Verpackung sind gerade die beiden letzten Punkte oft gar nicht so leicht herauszufinden. Die Apps Tox Fox und Codecheck lösen dieses Problem und helfen dir, Allergierisiken, Mikroplastik, flüssige Kunststoffe, hormonell wirksame Substanzen und andere schädliche Inhaltsstoffe sicher zu erkennen. Einfach den Strichcode scannen und schon bekommst du alle wichtigen Informationen in verständlicher Form angezeigt. So kannst du Schritt für Schritt deine neuen nachhaltigen Lieblingsprodukte finden und deinen persönlichen Preis-Leistungs-Sieger ermitteln.

ÜBRIGENS:
Durch den Kauf von zertifizierter Naturkosmetik kannst du Inhaltsstoffe auf Erdölbasis ganz leicht ausschließen und vermeidest so auch Mikroplastik und flüssige Kunststoffe.

100. DAS BESTE KOMMT ZUM SCHLUSS
RESTLOS AUFBRAUCHEN

Laut Verbraucherzentrale bleiben bis zu 14 Prozent des Inhalts deiner Zahnpastatube an der Innenseite der Verpackung kleben. Das heißt im Klartext, dass rund ein Siebtel des Produkts und deines Geldes schlicht in der Tonne landet und nicht genutzt wird, und das gilt in ähnlicher Form selbstverständlich auch für andere Cremetuben oder Kosmetikfläschchen. Es sei denn, du schaffst es, die Verpackungen restlos zu entleeren.

Bei Shampoo und Duschgel funktioniert das zum Beispiel, indem du die vermeintlich leere Flasche noch mal mit Wasser spülst und die Seifenlösung weiterverwendest. Creme- oder Zahnpastaverpackungen aus Kunststoff kannst du auch aufschneiden und die Reste mit dem Finger oder einem langen Löffel herausholen. Bei Tuben aus Metall empfiehlt sich das Ausstreichen mit einem Kochlöffel. Einfach die Tube auf eine stabile und glatte Oberfläche legen und mit dem Holzlöffel vom Falz in Richtung Öffnung streichen.

101. PREISWERT RASIEREN
RASIERHOBEL STATT SYSTEMRASIERER

Lass dich auf keinen Fall von den etwas höheren Anschaffungskosten abhalten, dir einen Rasierhobel (ab ca. 15 Euro) anzuschaffen. Dieser schlichte mechanischer Rasierer hat seinen Preis dank kostengünstiger Klingen bereits nach wenigen Monaten wieder eingespielt und kann zudem mit einer langen Lebensdauer punkten. Und noch etwas spricht eindeutig für den Traditionsrasierer. Beim Rasieren mit Rasierhobel und Seife produzierst du praktisch keinen Müll. Endlich keine mit Kunststoff ummantelten Wegwerfklingen mehr und kein unnötiger Verpackungsmüll.

Und ein Rasierhobel ist für jeden und jede geeignet und kann problemlos überall am Körper verwendet werden.

102. SAFETY FIRST

UPCYCLING-SCHUTZHÜLLE FÜR DEINEN RASIERHOBEL

Schluss mit Schnitten in Kosmetikbeutel oder Finger. Mit dieser Anleitung kannst du einen Klingenschutz beziehungsweise eine Hülle für deinen Rasierhobel ganz leicht selbst machen. Eine tolle Upcycling-Idee aus Lederresten und ein wunderbares DIY-Geschenk für deine Liebsten.

MATERIAL:

Lederrest oder Tetrapak
6 x 9 cm

2 Metalldruckknöpfe Ø 1 cm

Lineal

Kugelschreiber oder
Schneiderkreide (feste Seife
funktioniert auch)

Schere

Hammer

Holzbrett

Lochzange oder Hand-
bzw. Kastanienbohrer

SO GEHT'S:

1 Das Grundmaterial Tetrapak muss zuerst ausgewaschen und aufgeschnitten werden.
Zeichne dir die Maße auf dem Material vor und schneide sorgfältig ein Rechteck 6 x 9 cm aus. Je nach Geschmack können die Ecken auch leicht abgerundet sein.

2 Nun wird die genaue Position der Knöpfe bestimmt. Dazu markierst du dir an den beiden Ecken einer kurzen Seite einen Punkt, der jeweils einen Zentimeter von der kurzen und der langen Seite entfernt ist. Falte dein Material der Länge nach so, dass die Ecken sauber aufeinanderliegen und die Markierungspunkte außen gut sichtbar sind. Jetzt kannst du mit Bohrer oder Lochzange bequem zwei Materialschichten auf einmal durchstechen, und Ober- und Unterteil der Druckknöpfe werden später perfekt und symmetrisch aufeinanderpassen.

3 Pro Druckknopf benötigst du vier Einzelteile, je zwei Teile für die Oberseite und zwei für die Unterseite. Platziere Knopfober- und Unterteil rund um die durchgestanzten Löcher im Leder und verbinde die Teile mit zwei oder drei beherzten Hammerschlägen. Achte dabei immer darauf, senkrecht zu schlagen und eine feste Unterlage, wie etwa ein Holzbrett, zu benutzen. Und Vorsicht: Die Druckknöpfe sollen am Ende auf der Materialinnenseite schließen.

103. VINAIGRE DE TOILETTE
DIY-TONER UND RASIERWASSER

Schon Kaiserin Sisi liebte die natürliche Pflege auf Essigbasis. Ein wahrer Allrounder für schönes Haar und gesunde Haut, der mit seiner adstringierenden, antibakteriellen und entzündungshemmenden Wirkung den Teint zum Strahlen bringt, den Säureschutzmantel unterstützt und wertvolle Nährstoffe liefert.

ZUTATEN:

1 Einmachglas

2 EL getrocknete Rosenblüten

2 EL getrocknete Lavendelblüten

200 ml naturtrüber Apfelessig

1 Braunglasflasche

Destilliertes Wasser

1 Sprühflasche

SO GEHT'S:

1 Koche zunächst dein Einmachglas sorgfältig aus und lass es trocknen und abkühlen. Setze deinen Blütenessig an und gib die Blüten in dein Einmachglas. Nun fülle mit so viel Apfelessig auf, dass ca. ein bis zwei Zentimeter unter dem oberen Rand frei bleiben. Deckel gut verschließen.

2 Zwei bis drei Wochen an einem hellen und warmen Ort ohne direkte Sonneneinstrahlung ziehen lassen. Während dieser Zeit das Glas täglich sanft schütteln, um Schimmelbildung zu vermeiden.

3 Seihe die Blüten durch ein feines Sieb ab und fülle die Essigtinktur in deine Braunglasflasche.

ANWENDUNG:

Als Rasierwasser 1:2 mit destilliertem Wasser mischen und auf die Haut sprühen.
Als mildes Gesichtswasser ein bis zwei Esslöffel auf 200 Milliliter destilliertes Wasser geben und das Gesicht damit benetzen oder sanft mit einem Wattepad (Tipp 104) abreiben.

104. DIY-WATTEPADS
SCHLUSS MIT WEGWERFEN

Wer braucht schon Wegwerfwattepads, wenn man so schnell eine waschbare Mehrwegvariante zaubern kann. Alles, was du benötigst, sind ein paar deiner Altkleider und eine Nähmaschine, und schon kann es losgehen.

Gewaschen werden die DIY-Wattepads übrigens am besten in einem Kissenbezug oder Wäschesäckchen, damit auch nichts verloren geht ...

MATERIAL:

Pappe 6 x 6 cm

saugfähiger Stoff, wie z. B. alte Handtücher, Moltontücher, Sweater

dünner Baumwollstoff, wie z. B. altes Hemd, Tischdecke, Vorhang

Stoffschere

Lineal

Stoffmarker

Stecknadeln oder Stoffklammern

Nähmaschine

SO GEHT'S:

1 Als Erstes überträgst du deine quadratische Pappschablone jeweils auf den dickeren Stoff und dann auf den dünneren Stoff. Am Ende sollen deine selbst gemachten Wattepads nämlich zwei Seiten mit unterschiedlicher Struktur haben.

2 Klammere oder stecke jeweils zwei Stofflagen links auf links zusammen. Nun kommt die Nähmaschine an die Reihe. Steppe zunächst mit einem Geradstich ein Kreuz quer über das Pad. Ob jeweils von Ecke zu Ecke oder von der Mitte der Seiten, bleibt dabei dir überlassen.

3 Nachdem deine Stofflagen fixiert sind, kannst du mit einem Geradstich einmal rund um dein Pad nähen. Der Abstand vom Rand sollte ungefähr fünf Millimeter betragen. Schließlich folgt eine zweite Runde mit engem Zickzackstich, damit auch nichts ausfransen kann. Und fertig ist dein DIY-Wattepad.

105. ZERO-WASTE-MENSTRUATION
ALTERNATIVEN ZU TAMPONS & CO.

Laut einer Studie geben menstruierende Personen im Laufe ihres Lebens rund 5.000 Euro für Menstruationsprodukte aus*, doch andere Schätzungen reichen sogar bis zu 21.000 Euro pro Kopf. Kein Wunder also, dass Periodenarmut mittlerweile zu einem globalen Problem geworden ist und Hunderttausenden allein aus finanziellen Gründen der Zugang zu Menstruationsgesundheit komplett oder teilweise verwehrt bleibt.

Eine preiswertere Alternative zu Einwegprodukten wie Tampons, Binden und Slipeinlagen sind Mehrwegmenstruationsprodukte. Sie kosten zwar in der Erstanschaffung etwas mehr, auf Dauer amortisieren sich die Kosten allerdings schnell, und so können langlebige Mehrwegvarianten nicht nur mit einer deutlich besseren Ökobilanz und weniger Müll punkten, sondern auch noch mit Sparpotenzial.

ZERO-WASTE-ALTERNATIVEN ZUM TAMPON
Menstruationstassen
Menstruationsschwämmchen

ZERO-WASTE-ALTERNATIVEN ZU BINDE UND SLIPEINLAGE
Waschbare Binden und Slipeinlagen aus Stoff
Waschbare Periodenunterwäsche

> **ÜBRIGENS:** Die gemeinnützige Initiative Tampagne möchte Menstruationsprodukte im öffentlichen Raum frei zugänglich machen, um menstruierende Personen im Gesundheitssystem gleichzustellen. www.tampagne.de

*Craggs, S. (2019): Hamilton looks at buying menstrual products for low-income women and girls. CBC [www.cbc.ca/news/canada/hamilton/femcare-hamilton-1.4939718].

106. WICKELN WIE IN ALTEN ZEITEN
DER STOFF MACHT'S

Ein Baby verbraucht in der Wickelphase durchschnittlich rund 5.000 Wegwerfwindeln. Pro Jahr kommen so allein in Deutschland insgesamt 154.680 Tonnen nicht recyclingfähiger Windelmüll zusammen (BMUV 2019). Und auch die Kosten sind nicht ohne. Je nach Marke liegen die nämlich zwischen 12 und 45 Cent pro Windel. Schon mal hochgerechnet? Am Ende kommt da eine ganz schön große Summe zusammen, die schlicht in der Tonne landet. Eindeutig nachhaltiger und zudem auf Dauer preisgünstiger fährst du mit Stoffwindeln. Diese waschbare Mehrwegvariante kostet in der Erstanschaffung neu im Paket zwischen 350 und 600 Euro. Außerdem gibt es mittlerweile auch für Stoffwindeln einen guten Secondhandmarkt mit schicken Modellen zum kleinen Preis. So kannst du gleich doppelt profitieren und preisgünstig gebraucht kaufen und dein Paket am Ende wieder verkaufen.
Übrigens: Viele Städte, Kommunen und Landkreise fördern den Kauf von Stoffwindeln mit bis zu 200 Euro.

EXTRASPARTIPP: Auch Einmalwickelunterlagen zum Wegwerfen kannst du dir getrost sparen, denn ein oder zwei dicke, doppelt gelegte Handtücher funktionieren mindestens genauso gut.

107. FEUCHTTÜCHER SELBST GEMACHT
PRAKTISCH FÜR ZU HAUSE UND UNTERWEGS

Wusstest du, dass der überwiegende Teil der Feuchttücher aus dem Handel aus Kunststoff-
fasern besteht? Genau DIE machen sie besonders reißfest, aber auch zu einem echten Umweltproblem. Am Ende bleiben saubere Hände und Babypopos und ein Berg an Plastik, den
eigentlich niemand wirklich gebraucht hätte.

MATERIAL:

*Altkleider aus weichem
Baumwollstoff, wie z. B. alte
T-Shirts, Moltontücher oder
Geschirrtücher*

Zickzackschere

Lineal

Wasser

Pflanzenöl (z. B. Olivenöl)

*Einmachglas oder fest
schließende Mehrwegdose*

Wetbag

SO GEHT'S:

1 Nimm deinen Stoff und schneide ihn in kleine Waschläppchen von ca. 15 x 15 cm.

2 Für zu Hause: Stell dir einfach eine kleine Schüssel mit
lauwarmem Wasser an den Wickeltisch. Waschläppchen
eintunken, ausdrücken und verwenden. Bei hartnäckigen Fällen
helfen ein paar zusätzliche Tropfen Olivenöl.
Für unterwegs: Zunächst muss das Wasser abgekocht werden.
Dann kannst du die Tücher entweder direkt mit kochendem
Wasser übergießen oder eine Mischung von abgekochtem
Wasser und Öl verwenden (ein Teelöffel Öl auf 200 Milliliter
Wasser). Die Waschläppchen gut mit der Flüssigkeit durch-
tränken, ausdrücken und die fertigen DIY-Feuchttücher in ei-
nem sauberen und fest verschließbaren Gefäß transportieren.
Sie sind ungefähr zwei Tage haltbar, danach einfach waschen
und neu ansetzen.

3 Apropos waschen. Benutzte Tücher solltest du aufgrund
ihrer kleinen Größe am besten in einem Wäschesäckchen
waschen, und für unterwegs hilft ein geruchs- und feuchtig-
keitsdichter Wetbag als praktisches Transportgefäß.

108. SCHÖNHEIT AM STÜCK
FESTE KOSMETIK

Feste Kosmetik und Pflegeprodukte sind bis zu dreimal ergiebiger als ihr flüssiges Gegenstück und können dir helfen, Geld zu sparen und unnötigen Verpackungsmüll zu vermeiden. Wie das funktioniert? Feste Seifen, Shampoos und Co. enthalten kaum bis gar kein Wasser und stecken stattdessen voll mit reinen und hoch konzentrierten Inhaltsstoffen. Diese Tatsache macht sie für dich als Verbraucher deutlich sparsamer in der Anwendung, sie hat aber zudem noch zahlreiche weitere Vorteile zu bieten. Feste Produkte sind praktisch auf Reisen und enthalten weniger potenziell schädliche Chemikalien wie Duft- und Farbstoffe oder Konservierungsmittel. Und sie schonen Ressourcen und Klima, da sie weniger Verpackung benötigen und weniger Gewicht und Volumen hergestellt und transportiert werden müssen.

BEAUTY-ALTERNATIVEN AM STÜCK

Stückseife

Rasierseife

festes Shampoo

Haarseife

fester Conditioner/Haarspülung

festes Duschgel

feste Körpercreme

feste Handcreme

feste Gesichtscreme

festes Peeling

festes Deo

Zahnputztabletten

festes Parfum

EXTRASPARTIPP:
Ein Seifensäckchen hilft dir dabei, deine Seifen- und Shampoo-stückchen restlos aufzubrauchen.

109. DIY-BODYLOTION
FESTE KÖRPERCREME FÜR ALLE

Eine plastikfreie und langlebige Alternative zur klassischen Bobylotion ist einfach selbst zu machen. Mit nur drei Grundzutaten hast du alles, was du für dieses Rezept brauchst. Das Schöne daran? Du kannst selbst über die Qualität, Anbaubedingungen und Herkunft von Wachs und Ölen entscheiden und so eine bewusste Wahl treffen.

ZUTATEN:

Gießformen, wie z. B. Muffinformen aus Silikon

1 Teil Bienenwachs (oder als vegane Alternative Carnaubawachs)

großes Einmachglas

2 Teile Pflanzenfett wie z. B. Sheabutter, Kakaobutter, Kokosöl

2 Teile kalt gepresstes Pflanzenöl wie z. B. Oliven- öl, Mandelöl, Wildrosenöl, Nachtkerzenöl

evtl. ätherische Öle

Thermometer

SO GEHT'S:

1 Fülle deine Gießformen mit Wasser auf und schütte den Inhalt anschließend in einen Messbecher um. So ermittelst du, welche Gesamtmenge du für deine Lotionsbars ansetzen musst. Das Mischungsverhältnis von Bienenwachs zur Fett-Öl-Mischung sollte 1:4 betragen.

2 Gib das Wachs in das Einmachglas und bringe es im Wasserbad langsam zum Schmelzen. Achte darauf, dass du dabei 70 °C nicht überschreitest. Dabei hilft dir ein Thermometer. Sobald das Wachs flüssig ist, kommt dein festes Pflanzenfett hinzu. Wieder geduldig warten, bis sich alle Stückchen aufgelöst haben.

3 Zuletzt kommen noch die hitzeempfindlicheren Zutaten an die Reihe. Nimm das Glas aus dem Wasserbad und rühre deine Öle und ätherischen Duftöle in die flüssige Wachs-Fett-Mischung. Gleich danach zügig in die vorbereiteten Förmchen gießen und aushärten lassen. Falls du beim Gießen zu langsam gewesen sein solltest, einfach noch mal kurz ins Wasserbad stellen, bis alles wieder flüssig ist.
Am besten direkt nach dem Duschen oder Baden auf die noch feuchte Haut auftragen und sanft einmassieren.

110. BITTE LÄCHELN
ZAHNPFLEGEPULVER

Natürlich Zähne putzen ohne Fluor. Und einen Teil der Zutaten kannst du sogar auf deiner Fensterbank, dem Balkon oder im Garten ernten.

Ein schnelles Rezept für ein selbst gemachtes Mundwasser findest du auf Seite 127.

ZUTATEN:

½ TL Xylit (Birkenzucker)

½ TL Heilerde (ultrafein)

½ TL Himalaja- oder Steinsalz (unbehandelt)

1 TL Kurkumapulver (bei Implantaten und/oder Zahnkronen bitte unbedingt weglassen)

1 TL getrocknete Minzblätter

1 TL getrocknete Salbeiblätter

1 TL getrockneter Ingwer

Einmachglas

Kaffeemühle, Mörser oder Multizerkleinerer

SO GEHT'S:

Gib alle Zutaten in deine Kaffeemühle, den Mörser oder deinen Mixer und mahle sie so lange, bis ein sehr feines Pulver entsteht. In das Einmachglas füllen und fertig ist dein Zahnpulver.

Beim Zähneputzen einfach die Borsten deiner Zahnbürste anfeuchten, in das Pulver eintauchen und sanft putzen.

> ÜBRIGENS: Eine zusätzliche Prise Nelkenpulver hilft gegen Zahnschmerzen und wirkt entzündungshemmend und antibakteriell.

111. RUBBEL DICH SCHÖN
NATÜRLICHES PEELING OHNE MIKROPLASTIK

Selbst gemachtes Peeling ist schnell und unkompliziert vorbereitet, frei von Mikroplastik und anderen schädlichen Inhaltsstoffen und spart Geld und Verpackungsmüll. Wer will da noch extra in die Drogerie laufen? Alles, was du brauchst, sind eine Basis und Peelingkörnchen, dann werden die beiden Komponenten vermischt, auf die Haut aufgetragen, mit leichtem Druck einmassiert und gründlich abgewaschen. Fertig! Als flüssige Basis eignet sich je nach Hauttyp reines Wasser, Kamillen- oder Salbeitee oder ein hochwertiges Pflanzenöl, und zum Rubbeln kannst du Haushaltszucker, feinkörniges Salz, Heilerde oder Kaffeesatz verwenden.

> EXTRASPARTIPP: Kaffeesatz ist ein wahrer Alleskönner und viel zu schade zum Wegwerfen. Du kannst ihn als Pflanzendünger einsetzen, als sanftes Scheuermittel für Töpfe und Pfannen, zum Entfernen von Gerüchen oder zum Ausbessern von Kratzern in deinen Möbeln.

DIE-AUFBRAUCHEN-STATT-NEU-KAUFEN-CHALLENGE

WARUM?

Laut Industrieverband Körperpflege- und Waschmittel e. V. (IKW) wurden 2021 allein in Deutschland 13,6 Milliarden Euro für Kosmetik und Körperpflege ausgegeben. Beauty-Fluid, Bronzer, Zahnweißpasta, Volumenshampoo, Lipbalm oder Mizellenwasser. Am Ende findet sich das Ergebnis von Neugier und gelegentlichen Impulskäufen in gut gefüllten Badezimmerschränkchen wieder, und das eine oder andere Produkt verschwindet in den Untiefen von dekorativen Körben und Kosmetiktäschchen. Statt vergessen, wegwerfen und neu kaufen wird nun erst mal aufgebraucht, zweckentfremdet und improvisiert mit dem, was schon da ist. Nach deiner Challenge winkt dann ein Neustart mit bewussten und nachhaltigen Kaufentscheidungen und ein bisschen mehr Minimalismus. Und das freut den Geldbeutel und die Umwelt.

VORBEREITUNG UND ABLAUF:

Starte am besten mit einer gründlichen Bestandsaufnahme in Bad und sämtlichen Kulturbeuteln. Sortiere alle Fundstücke nach Produktgruppen wie Zahnpflege, Haarpflege und so weiter, und beginne mit den Verpackungen, die bereits angebrochen sind.

AUFGABE:

Schaffst du es einen Monat lang, Vorhandenes aufzubrauchen und nichts Neues zu kaufen (mit Ausnahme von Recyclingklopapier und Zahnpasta)?

INSPIRATION:

Eine ungeliebte Gesichtscreme wird zur Hand- oder Fußcreme, ein Lippenstift zum Rouge und mit dem Juckeshampoo kannst du auch wunderbar die Wollmütze waschen oder dein Klo putzen. Improvisieren und Zweckentfremden ist bei dieser Challenge absolut erlaubt und sogar erwünscht. Genauso wie Neues ausprobieren. Dein Mundwasser nähert sich dem Ende? Kein Problem, dann probiere doch ein schnelles DIY-Rezept aus.

	DIY-MUNDWASSER
250 ml Wasser	Brühe deinen Kamillentee auf und lass ihn zugedeckt für ca.
1–2 EL Kamillenblüten	10 Minuten ziehen. Blüten abseihen, den Tee abkühlen lassen
1 TL Natron	und in dein Braunglasfläschchen füllen. Natron und Teebaumöl
8 Tropfen Teebaumöl	hinzugeben, kühl lagern und vor Gebrauch schütteln.
Braunglasflasche	In einer Woche aufbrauchen.

Und? Wie lange kommst du mit deinen Beautyvorräten aus?

Wie fühlt es sich für dich an?

Vermisst du etwas?

Hast du ein neues selbst gemachtes Lieblingsprodukt?

DEIN PERSÖNLICHES ERGEBNIS:

ÜBRIGENS:
Eine Aufbrauch-
Challenge lässt sich
auch super mit Vor-
räten in der Küche
machen.

_____

_____

_____

_____

_____

ÜBER DIE AUTORIN

Alexandra Achenbach ist promovierte Biologin, Autorin und Bloggerin. Auf ihrem mehrfach ausgezeichneten Blog *livelifegreen.de* teilt sie ihre Gedanken und Ideen für ein grünes Leben. Als Münchnerin und Mutter von zwei Kindern kennt sie den Spagat zwischen Wollen und Können unter finanziellen Limits selbst nur zu gut. Seit 2019 ist sie zudem regelmäßig als Nachhaltigkeits- und Umweltexpertin im Bayerischen Fernsehen zu Gast.

BILDNACHWEIS

Adobe Stock: S. 10 (zzzdim), 31 (myviewpoint), 40 (JenkoAtaman), 42 (michael spring), 50 (zakalinka), 56 (Pavla Zakova), 59 (New Africa), 62 (MyBears), 68 (Andrey Popov), 75 (karepa), 76 (marrakeshh), 79 (Hafiez Razali), 83 (Andrey Popov), 87 (ronnarong), 90 (New Africa), 98 (DragonImages), 108 (ulza), 120 (Zuzana Tillerova)
Alexandra Achenbach: S. 8, 13, 17, 24, 28, 35, 43, 54, 65, 93, 95, 101, 112, 122, 125
Helena Heilig: S. 128